ERNESTO COFIÑO
Perfil de un hombre del Opus Dei
1899-1991

JOSÉ LUIS COFIÑO • JOSÉ MIGUEL CEJAS

ERNESTO COFIÑO
Perfil de un hombre del Opus Dei
1899-1991

Segunda edición

EDICIONES RIALP
MADRID

© 2003 *by* Fundación STUDIUM
© 2024 *by* EDICIONES RIALP, S. A.,
Manuel Uribe 13-15, 28033 Madrid
www.rialp.com

Fotocomposición: M. T., S. L.

ISBN: 978-84-321-6666-2
Depósito legal: M-1022-2024
Impreso en Service Point, S. A., Madrid

Los autores desean testimoniar su más sincero agradecimiento a las numerosas personas que han hecho posible la elaboración de este libro: familiares, parientes, colaboradores, amigos y discípulos del doctor Ernesto Cofiño. Entre ellos destaca de modo especial la figura de Mons. Antonio Rodríguez Pedrazuela. Muchas gracias también a Louis Le Roy y a Javier Paredes Bordejé por sus diligentes gestiones en París.

Que tu vida no sea una vida estéril.
–Sé útil. –Deja poso. –Ilumina,
con la luminaria de tu fe y de tu amor.
Borra, con tu vida de apóstol,
la señal viscosa y sucia
que dejaron los sembradores impuros del odio.
–Y enciende todos los caminos de la tierra
con el fuego de Cristo que llevas en el corazón.

SAN JOSEMARÍA

Frente al escenario de guerra del siglo XX,
el honor de la humanidad ha sido salvado
por los que han hablado y trabajado
en nombre de la paz.

JUAN PABLO II

Alegría, cristianos,
cristianos, ¡alegría!

SAN PEDRO DE SAN JOSÉ BETANCOUR

Sumario

Antes de comenzar.
6 de octubre de 2002 13

Primera carta. 1899-1919.
5 de junio de 1999 17
Segunda carta. 1919-1929.
20 de agosto de 1999 33
Tercera carta. 1929-1933.
15 de septiembre de 1999 53
Cuarta carta. 1933-1946.
Noviembre 1999 69
Quinta carta. 1946-1951.
7 de diciembre de 1999 81
Sexta carta. 1951-1953.
Navidades de 1999 95
Séptima carta. 1953-1956.
1 de enero de 2000 115
Octava carta. 1956-1958.
Enero de 2000 127
Novena carta. 1958-1965.
16 de febrero de 2000 133

Décima carta. 1965.
18 de febrero de 2000 137
Undécima carta. 1965-1971.
30 de marzo de 2000 144
Duodécima carta. 1972-1974.
23 de junio de 2000 155
Decimotercera carta. 1974-1981.
Agosto de 2000 169
Decimocuarta carta. 1981-1989.
3 de septiembre de 2000 185
Decimoquinta carta. 1989.
8 de septiembre de 2000 203
Decimosexta carta. 1990.
2 de octubre de 2000 213
Decimoséptima carta. 1991.
17 de octubre de 2000 219
Una posdata de mamá.
5 de abril de 2001 229

Antes de comenzar

6 de octubre de 2002

La idea de este libro surgió en 1995, cuando un periodista español, José Miguel Cejas, me hizo una entrevista para la televisión sobre la figura mi papá, Ernesto Cofiño, fallecido cuatro años antes.

–«¿Y no ha pensado nunca en escribir un libro de recuerdos?», me preguntó al terminar.

–«¡Muchas veces! –le dije–; pero necesito alguien que me ayude».

Ahí comenzó todo. Hablamos sobre un posible proyecto de colaboración, sin concretar nada, hasta que tres años después vino de nuevo en Guatemala y establecimos un plan de trabajo: yo iría escribiendo a mis hijos unas cartas sobre su abuelo, y él les daría forma literaria.

Durante los años siguientes –1999, 2000, 2001, 2002– trabajamos en el proyecto. Nuestros *e-mail* cruzaron el Charco en un sentido y en otro; y así, mediante el correo electrónico, nació el libro que el lector tiene entre sus manos.

Una aclaración previa. Soy profesor universitario de Ciencias, no historiador. No he pretendido hacer un estudio histórico. Dejo esa tarea a los especialistas. Estas páginas son sólo cartas de familia, que recogen esos recuerdos y anécdotas que se cuentan en la intimidad del hogar. No me extrañaría por eso que, a pesar de mi esfuerzo por cotejar los datos, haya fechas que bailen o nombres trastocados. Solicito en ese caso la indulgencia del lector.

Los caminos de Dios son imprevisibles. Presentía que el comienzo de un nuevo milenio resultaría apasionante, pero... ¡qué lejos estaba de pensar lo que iba a suceder! Nunca imaginé que, durante la elaboración de este libro, se abriría la Causa de Canonización de mi papá; que yo podría estar presente en las ceremonias de Apertura y Clausura del Proceso Informativo; y que mientras preparábamos estas páginas para entregarlas al editor, la Iglesia canonizaría a San Josemaría, Fundador del Opus Dei.

Por esa razón, he fechado este prólogo en este día histórico e inolvidable, 6 de octubre de 2002, víspera de la festividad de la Virgen del Rosario; día en que el Papa Juan Pablo II ha canonizado en la Plaza de San Pedro de Roma a San Josemaría, ante una muchedumbre de fieles llegados del mundo entero, muchos de ellos de Guatemala.

La historia –mejor dicho, la misericordia divina–, nos depara estas sorpresas, henchidas de un sentido insospechado.

Una última aclaración. No he escrito estas cartas movido sólo por el deseo de que mis hijos conozcan mejor la figura de su abuelo. En mi ánimo –y en el de Guisela, mi esposa, que ha seguido con tanto cariño estos trabajos–, pesa una razón mucho más profunda.

Este libro quiere ser, fundamentalmente, un canto de alabanza a las misericordias de Dios en nuestras vidas; y un acto de acción de gracias a Nuestro Señor Jesucristo y a su Madre Santísima, la Virgen del Rosario, Patrona de Guatemala. Me emociona pensar que sale a la luz en el Año del Rosario.

Ése es el sentido más hondo y verdadero de estas páginas: dar gracias a Dios porque, en su amorosa Providencia, nos concedió el don inigualable de conocer y convivir durante muchos años, día tras día, con un santo.

José Luis Cofiño

I

5 de junio de 1999

Queridos Jorge, Paola y Diego:

Esta tarde, mientras regresaba a casa, tras el acto del centenario del nacimiento del abuelo, pensaba en ustedes. En 1991, cuando el abuelo falleció, eran muy pequeños: y temo que les suceda lo mismo que a mí, que perdí a mi mamá cuando tenía seis años y no recuerdo nada: ni una palabra, ni una imagen, ni un gesto siquiera.

Parece increíble, ¿verdad? Lo que sé de ella me lo han contado, o lo he visto en el álbum de fotografías y en las películas de Super-8 que filmó el abuelo. ¿Cómo es posible? Quizá su muerte fue un golpe tan duro que se me borró todo de repente.

Como no quiero que les pase lo mismo, voy a relatarles la vida del abuelo, carta tras carta, para que no le olviden nunca.

He encontrado en el desván –donde no quiero que suban, porque el suelo de madera está débil en algunas partes y se podrían caer–, muchas cosas suyas: un sombrero de copa de los *felices años veinte*, un *salacot* de los cuarenta,

17

unos pantalones vaqueros de los ochenta... Y muchos papeles, porque el abuelo no tiraba nada.

(Yo he heredado esa costumbre: guardo las cartillas del Colegio, los trabajos de la Universidad... ¡y hasta los juguetes de cuando era patojo!)

Arriba, en el desván, está su silla de montar; sus cuadernos de notas; sus diplomas, cuidadosamente enrollados y anudados con largas cintas rojas; los recortes de prensa que le interesaban, clasificados por fechas en sus correspondientes carpetas; y varios fajos de cartas escritas de su puño y letra. No es que fuera un nostálgico (al contrario: no le gustaba mirar hacia atrás, ni quedarse anclado en el pasado); era, sencillamente, un hombre ordenado que deseaba dejar constancia de los hechos.

No sé de quién heredaría esa costumbre... Desde luego, de su papá, no, y por eso tenemos tan pocas noticias de esa rama de la familia. Por lo que sé —y sé poco—, eran españoles: el primer Cofiño que vino a Guatemala era de Infiesto, un pueblecito de Asturias, un Departamento que hay en el norte de España.

Yo nunca he estado allí, pero debe de ser un lugar bien hermoso por lo que cuentan; con un mar bravío, el Cantábrico; con unos prados eternamente verdes por la lluvia y una cadena montañosa al fondo: un paisaje parecido al de la Tierra Fría. Pues bien; según mis datos, ese primer Cofiño —Pedro Cofiño—, llegó aquí hace dos siglos, en el XIX. Ése es, déjenme que lo piense... el abuelo del abuelo de ustedes; es decir: ¡su retatarabuelo!

No sé a qué se dedicaría ese buen señor, ni pienso que haya nadie que lo sepa en la familia, porque al abuelo no le gustaba trepar por las ramas de su árbol genealógico con la esperanza de hallar unas gotitas de sangre azul o un antepasado emparentado con un rey de Castilla. ¡Esas cosas no le importaban!

Sólo sé que los bisabuelos vivían en una casa que llamaban de los Leones; que tenían una finca, Retana; y una empresa eléctrica en Antigua; y que el abuelo nació en Guate a las diez y cuarto de la noche del 5 de junio de 1899, en el nº 9 del callejón de Luna. Lo bautizaron cuatro días más tarde, el día 9 de junio, en la Parroquia del Sagrario y le pusieron Ernesto Guillermo.

1899. ¿Se dan cuenta? ¡Hace casi dos siglos! ¡El abuelo era un hombre del siglo diecinueve!

Pasó los primeros años de su vida en Antigua, una hermosa ciudad con viejas mansiones medio en ruinas y templos de muros agrietados, recubiertos de yedra: lo que quedaba de aquel esplendor que se fue para siempre con el terremoto de 1541. He vuelto a leer la crónica de Juan Rodríguez, testigo del desastre. La titula «*Relación del espantable terremoto que ha acontecido en las Indias en una ciudad llamada Guatemala*» y en ella cuenta:

Sábado, a 10 de septiembre de 1541, a dos horas de la noche... hubo muy gran tormenta de agua de lo alto del volcán que está encima de Guatemala y fue tan súbita... fue tanta la tormenta de la tierra, que trajo por delante aguas y piedras y árboles, que los que lo vimos quedamos admirados. Y entró por la casa del adelantado don Pedro de Alvarado, que haya gloria, y llevó todas las paredes y tejados como estaba, más de un tiro de ballesta...

Aunque el abuelo fue testigo también de varios terremotos cuando era patojo, mi impresión es que tuvo una infancia feliz, de muchacho juguetón y travieso, que se divertía corriendo en bicicleta por las avenidas de Antigua, haciendo pequeñas trastadas, en medio de un silencio extraño...

Pero antes de que hablamos de ese silencio, les diré algo más de los bisabuelos. El papá del abuelo, José María, nacido en 1863, fundó una empresa de electricidad. Era «un hombre del tiempo antiguo», como decía su hermana, la tía Clarita. Su carácter se refleja en el retrato del pasillo, en el que aparece con terno negro, camisa de seda, reloj en la pechera –la moda de aquel tiempo–, pajarita y una barba afilada y picuda. Siempre me ha impresionado esa severidad, esa mirada... Los que le conocieron emplean la misma palabra: terrible.

La vida le hizo así. Luego les contaré. Tenía un temperamento indomable y un carácter fortísimo. Y su esposa, la bisabuela Clotilde, también debía de tener el suyo...

La bisabuela había nacido en 1856: es curioso; exactamente un siglo antes que yo. Por lo que cuentan, fue la viva estampa de *la mujer fuerte* de la Biblia, aunque los retratos que conservamos de ella den cierta impresión de debilidad: se la ve tan menudita y graciosa, tan dulce, con esa expresión que no se sabe si es de ternura o tristeza... Pero, si se fijan bien en el porte y en las manos de la fotografía en la que aparece junto al abuelo, se descubre en ella una profunda energía interior: aprieta con firmeza las manos de su hijo, como comunicándole su ímpetu y su fuerza.

Sufrió mucho. No sé cómo explicarlo. Quizá no lo entiendan... Los bisabuelos tuvieron cuatro hijos: la mayor fue la tía Eugenia; luego vinieron el tío José y el tío Ricardo, y el pequeño fue mi papá. Pero además, mi papá tuvo dos hermanas, sólo de parte de padre, la tía Maruca y la tía Clarita, a las que quería muchísimo. Y la bisabuela Clotilde acabó criando y educando a los seis, en su propia casa, sin distinción alguna, como si todos fueran hijos suyos. ¡Tenía un corazón grande!

A veces tenemos una idea equivocada de la dignidad: pensamos que la dignidad consiste en defender no sé qué puntos de orgullo *irrenunciables.* ¡Hasta ahí podíamos llegar!, pensamos; y nos olvidamos de que, por encima de todo, está la caridad. Ésa fue la gran lección de la bisabuela Clotilde: supo amar de verdad, y por eso, supo perdonar.

Antes de seguir adelante, dos o tres pinceladas sobre aquella época. En aquel tiempo el Presidente era Estrada Cabrera, un abogado de Quetzaltenango que había subido al poder en 1898. Habrán visto su retrato en los libros de historia: un tipo de frente poderosa con un no sé qué siniestro en la mirada, y unos bigotones enormes, caídos sobre el labio...

Al principio parecía un gobernante relativamente moderado; hasta que se produjo el atentado *de la Bomba* de 1907 y se descubrió quien era: un tirano. Algunos historiadores reconocen su deseo por elevar el nivel educativo del país. Otros señalan los avances que tuvieron lugar bajo su mandato, como la llegada de la línea del ferrocarril hasta Guate.

Sí; hubo algunos avances: es innegable; pero... ¡a qué precio! ¿Se necesitaban peones para construir carreteras? No había problema: se arrestaba a unos cuantos indígenas y se les obligaba a acarrear las piedras. ¿Los finqueros de la Costa buscaban braceros para levantar la cosecha de café? ¡Tampoco había problema! Escribían a un jefe político del Altiplano amigo suyo, y le pedían doscientos o trescientos mozos, a tantos quetzales cada uno.

–No; es demasiado poco; se los envío por tantos quetzales –les contestaba el jefe político, en aquellas cartas que bajaban y subían, a lomo de mula, de la montaña a la Costa.

Regateaban; y cuando llegaban a un acuerdo, decía el jefe: «*Precio aceptado. ¡Envíe cuerdas!*» Enviaban las cuerdas, amarraba a los indígenas y se los llevaba, encordados, a pie, como si fueran bestias, por los caminos que bajan hasta la Costa.

Esto que les cuento no es del siglo XVI, sino de comienzos del siglo XX. Ya sé que les parece una eternidad, pero no han pasado tantos años: aún deben vivir algunos hijos de aquellos hombres que fueron tratados como esclavos.

Fue una época terrible. El país estaba inmerso en un clima sórdido y policial. Las gentes vivían temerosas en medio de una red de delaciones y sospechas. Ésa era la razón de aquellos silencios extraños que el abuelo percibía en su niñez: decir una palabra de más te podía costar la vida.

Estrada gobernaba el país como si fuera su finca privada, y había organizado un entramado secreto de agentes del gobierno que le daban información sobre cualquiera a cambio de favores. No piensen sólo en policías. Esos agentes podían ser un falso amigo, un vecino, un conocido... Había *orejas* por todas partes; y algunos confidentes y espías se hicieron tristemente famosos, como «el Chulo» o «el de la perita»...

En ese mundo de intrigas y temores vivió el abuelo hasta su juventud. «Todos le deben algo al Presidente», se decía; y Estrada iba eliminando meticulosamente a sus opositores, uno tras otro. (A veces se trataba sólo de sus *posibles* opositores). Ordenaba envenenar a éste, fusilar al otro, matar a palos a un tercero; prohibía un viaje «por orden superior»; y no había quien entrara o saliera del país sin su permiso. Dirigía la prensa: «Que se publique este artículo». Controlaba el correo: «Copien la correspondencia de tal y de cual». Absolvía y condenaba a su antojo: «Vigílenme a ése»; «saquen a esos presos una horita al sol».

Granados cuenta en su cuaderno de memorias las torturas de los encarcelados: «Luis Echeverría Ávila (...) de 16 años de edad y compañero mío de colegio (...) 200 palos (...). Rafael Rodil, de 15 años (...) le azotaron las piernas desnudas (...). Rodolfo Jáuregui (...) 10 años, sufrió un castigo semejante».

El clima de terror llegó a tal punto que los historiadores afirman que en 1907, cuando el abuelo cumplió ocho años, no había en Guatemala una familia de la clase alta que no hubiera perdido a un padre o a un hijo por una denuncia, o por un intento de rebelión, imaginario o verdadero.

Nuestra familia no fue la excepción. El 30 de abril de 1907 llegó una orden presidencial a la casa de Antigua y el bisabuelo José María y su hermano, el tío Pedro, fueron encarcelados «por orden superior».

Un año después, el 23 de abril de 1908, sonó una descarga: el tío Pedro había sido fusilado junto con Ramón Palencia en la parte trasera de la iglesia de San Francisco el Grande, donde está enterrado el Hermano Pedro*. *Por oponerse al Gobierno*, dijeron. Cuenta Luis Cardosa, cuyo padre compartió cárcel con el bisabuelo, que hicieron un sorteo para ver a quien mataban.

---

* No imaginaba, cuando escribía estas líneas, que se cumpliría tan pronto un sueño de siglos del pueblo guatemalteco: la canonización del hermano Pedro, que fue beatificado en 1980 y ha sido canonizado en julio de 2002.

No fueron los únicos: aquel mismo día asesinaron a varios en las ruinas de la iglesia del Espíritu Santo, cerca de la alameda de Santa Lucía.

Poco después liberaron al bisabuelo que, en vista de la situación, decidió venirse a Guate con su familia, para que el Presidente comprobara con sus propios ojos que no estaba conspirando contra él.

En Antigua quedó su madre, que murió el 22 de mayo de 1910, con 69 años, dos años después del fusilamiento de su hijo. Un día tenemos que ir al cementerio de San Lázaro para rezar ante su tumba, que tiene grabadas sobre el mármol unas palabras del Salmo:

¡Sembró con lágrimas y segará llena de júbilo!

Sigamos con la historia de los bisabuelos. Se vinieron a Guate y se compraron una casa en el barrio de Gerona, cerca de la Aduana Central, en la Terminal de los Ferrocarriles. Pensaban que cuanto más cerca estuvieran del Presidente —que fue reelegido en 1910—, mejor podrían defenderse de un arresto «por orden superior».

Tienen que situarse con la imaginación en aquella época. Guate era mucho más pequeña que ahora; tan pequeña que a un hombre de la posición social del abuelo le resultaba imposible pasar inadvertido. La simple ausencia de un acto público se interpretaba como *desafección al Presidente*. Se le solía pedir que fuera padrino de boda: no hacerlo significaba *una provocación*.

Imagínense que nos vamos, por el túnel del tiempo, al Guate de hace un siglo... Por el Paseo de la Reforma vemos a los jóvenes cadetes, luciendo sus espadines junto a las señoras y las señoritas, que llevan faldas largas y se protegen del sol con unas sombrillas blancas. Los señores llevan bombín, guantes y corbata de plastrón: es *la moda de Francia*. El Paseo tiene un aire inequívocamente francés, porque Francia es el país soñado, la nación de *la grandeur*, y París, la capital del mundo... La moda por excelencia es «la moda de París» y los edificios que ha construido el Presidente están copiados de los Campos Elíseos, como el Asilo Joaquina, bautizado así en honor a su madre, o el Asilo de Convalecientes Estrada Cabrera.

Perviven todavía, como un recuerdo de tiempos pasados, viejas costumbres españolas: aún se celebran algunas corridas de toros y en las últimas puertas del portal del Comercio quedan ancianos que siguen hablando de las guerras *carlistas*, que son unas guerras que hubo en España en el siglo XIX... Es un mundo cerrado, donde muchos se conocen y se saludan al pasar. Las regatonas recorren las calles empedradas, con las cestas rebosantes de frutas de la Costa, entre cocheros de landó, mengalas de cabellos relucientes y vendedoras de melcocha, que pregonan sin cesar:

—¡Melcocha amarilla! ¡Melcocha blanca!

Ese era el mundo del bisabuelo, que aunque no participó en ningún acto subversivo, y aunque se había venido a Guate precisamente para evitar esto, acabó siendo encarcelado, acusado de no sé qué. ¡No le sirvió para nada vivir bajo la mirada directa del Presidente! ¡Todo era posible en aquel tiempo en el que se asesinaba y se torturaba al grito de «orden superior»!

No sé cuándo le encarcelaron, ni dónde le llevaron. Lo más probable es que acabara en el Callejón 2 de la Penitenciaría Central, con los prisioneros políticos; aunque pudieron encerrarlo en cualquiera de las seis cárceles que había en Guate, con la indicación de «bien recomendado». Eso significaba que los carceleros debían tratarle de modo brutal.

Pero esto son suposiciones mías, porque yo no le pregunté al abuelo más detalles sobre este asunto: sabía que era un recuerdo muy doloroso para él y que no olvidaba las visitas que hizo a la cárcel, de niño, para ver a su papá; visitas que el Presidente permitía como un «favor especial».

El bisabuelo iba contando sus días en prisión anudando las trencitas de una cobija que le dieron. Cuando le dejaron en libertad, al cabo de dieciocho meses —año y medio de angustia y de dolor— se trajo la cobija a casa.

El abuelo guardó esa cobija como si fuera una reliquia, y en sus últimos días, poco antes de morir, me la pedía. Yo le quería poner una cobija nueva; pero él me decía que no: que quería la cobija con la que se había arropado su papá en aquellos meses tan tristes, porque estaba empapada con sus lágrimas....

Los seres humanos reaccionamos ante los sufrimientos de forma distinta. A unos, el dolor los aniquila; a otros, los vuelve tercos y obstinados, duros como una roca. Eso fue lo que le sucedió al bisabuelo: se convirtió, a fuerza de padecer, en un hombre de hierro, seco, duro, *terrible;* en un padre tremendamente exigente en la educación de sus hijos.

Eso explica que mi papá le quisiese y le temiese al mismo tiempo; y que se distanciara algo de él en su juventud, porque cuando uno es joven no acaba de entender ciertas cosas. Con el paso de los años le fue comprendiendo, disculpó sus errores y le fue queriendo cada vez más.

A su mamá la quiso con locura. **Era una mujer santa,** a decir de él. La bisabuela Clotilde era muy piadosa, a diferencia del bisabuelo que, como tantos hombres de su generación, tenía una formación cristiana deficiente. Ya saben que la situación de la Iglesia en Guatemala era estremecedora, y el término no es exagerado: desde los gobiernos liberales del siglo XIX, salvo *una* excepción, fueron expulsados *todos* los arzobispos de Guatemala; confiscaron *todas* las iglesias y conventos; y suprimieron *todas* las órdenes y congregaciones religiosas menos una, las Hijas de la Caridad. Había muy poco clero; y no permitían que entrase, como regla general, ningún sacerdote extranjero.

La fe católica se mantuvo gracias a personas como la bisabuela, que la transmitió a sus hijos mediante su palabra y su ejemplo. Todos los días, sin fallar uno, iba a la Misa matutina de las cinco en la iglesia de Santo Domingo.

Ella preparó al abuelo para la Primera Comunión, que tuvo lugar el 29 de junio de 1910, fiesta de San Pedro y San Pablo, en la Capilla de la Casa Central de las Hermanas de la Caridad, donde había asistido a la catequesis. Tenía 11 años, una edad normal en aquella época. En la estampa de recordatorio, junto a un dibujo eucarístico, se lee:

El que ama a Jesús
piensa frecuentemente en Él,
de Él habla,
a Él busca,
por Él obra y trabaja.

El abuelo cursó el Bachillerato en el Instituto Nacional Central para Varones, un centro prestigioso donde se inscribían bastantes y se graduaban muy pocos. En 1901, por ejemplo, comenzaron 220 y terminaron sólo 32. No recibió ningún tipo de formación religiosa, que estaba prohibida en los centros públicos del país. Era la única escuela secundaria de Guatemala, porque los gobiernos liberales, como les he dicho, habían cerrado todas las escuelas católicas de la época colonial.

El Instituto ocupaba la sede del antiguo Seminario, que habían expoliado a la Arquidiócesis. Era una especie de academia militar, tanto por el ambiente como por la disciplina y las novatadas. El ideario era muy simple: el Presidente personalizaba la Patria, que era el Ideal Supremo.

Escribe González Villanueva que el abuelo experimentó en ese instituto «la dualidad trágica que, desde tiempos coloniales, ha impedido la unidad y la solidez de la nación. La vida familiar y social –hasta cierto punto– era una; la vida "pública", "oficial", era otra. Escuchó las burlas e ironías de los profesores contra la Religión; las acusaciones más graves contra la Iglesia; y fue expectador de las burlas más grotescas de todo lo que en su hogar y para él, era lo más sagrado».

¿Cómo era de estudiante? Un compañero de curso, el Nobel de Literatura Miguel Ángel Asturias, lo recordaba como un muchacho «terrible y juguetón, inmejorable para los taztazos». Yo me lo imagino a los catorce años, lleno de vitalidad, cantando por las calles, en las famosas fiestas de Minerva...

Habrán oído hablar de esas fiestas, que el Presidente había ordenado que se celebraran el último domingo de octubre, en honor de la diosa Sabiduría, para premiar a los estudiantes al final de curso. Duraban tres jornadas enteras, con toda la pompa y el boato posible: arcos alegóricos, conciertos de música, carreras de caballos, desfiles de carros –una novedad–, partidos de *football* –otra novedad–, y «*ejercicios calisténicos y de sport*». Y por la noche, fuegos artificiales.

28

El país entero se detenía. ¿Se imaginan ustedes a nueve mil escolares desfilando por la Avenida Estrada Cabrera? Iban vestidos con uniformes militares y llevaban al hombro los famosos *palotines*, unos pequeños rifles de madera.

Estrada había hecho construir el templo de Minerva sólo para esas fiestas. Era un edificio gigantesco que imitaba a los antiguos templos griegos, con grandes columnas jónicas y un tímpano decorado con alusiones a la diosa. Llegaban los escolares al templo, tocaban los clarines, los señores se quitaban respetuosamente el sombrero, los niños presentaban armas, las niñas cantaban el himno nacional, se izaba la bandera y... comenzaban las arengas.

Y cuando terminaba de hablar el Presidente... ¡qué salvas de aplausos, qué gritos de entusiasmo, qué loas al *Benemérito de la Patria*, al *Ilustre Mandatario*, al *Protector de la Juventud Estudiosa*, al *Pericles chapín*! Luego seguían los cantos y fiestas por toda la ciudad.

¿Se imaginan al abuelo, bailando al son de la marimba y silbando las canciones que hacían furor, como *La Flor del Café*? Quizás a ustedes les cueste; pero yo *lo veo* perfectamente, danzando, alegre y feliz, en medio del bullicio que duraba casi un mes, porque las minervalias se prolongaban hasta unirse con los festejos de cumpleaños de Estrada, a finales de noviembre.

A los dieciocho años, el 10 de agosto de 1917, acabó el bachiller. Quizá planeara entrar en la Escuela de Medicina, donde, según mis datos, se habían graduado un total de ocho médicos en 1914. La cifra habla por sí sola. El director de la Escuela había sido hasta 1910 Ortega y Carrascal, una eminencia científica que, tras doctorarse en París, impartía una enseñanza preferentemente hospitalaria.

Como pueden suponer, con semejante régimen político la Medicina del país estaba poco desarrollada, y giraba en torno al Hospital General, que Ortega y Carrascal había modernizado con una zona de esterilización, un lavatorio y una sala de post-operatorio.

Pero no piensen en universidades y hospitales como los de ahora. Ni la sanidad ni la enseñanza disponían de medios materiales, ni de libertad de actuación: todas las Facultades –Ingeniería, Medicina y Farmacia, Derecho y Notariado– estaban controladas directamente por el Presidente, que consiguió que la Asamblea Legislativa bautizase en 1918 la Universidad Nacional como «Universidad Estrada Cabrera».

Y cuando el abuelo se disponía a entrar en la Universidad... un terremoto arrasó gran parte de Guate durante las Navidades de 1917-1918.

En unos instantes se vinieron abajo numerosos edificios, especialmente los que se habían construido bajo el mandato de Estrada; y para colmo de males, cuatro semanas después, el 24 de enero de 1918, un segundo terremoto derribó lo que aún quedaba en pie. Cayeron las torres de la catedral, la iglesia de San Juan de Dios y muchos monumentos importantes, como la estatua de Colón de la Plaza de Armas.

Miles de familias no tuvieron más remedio que instalarse en unos campamentos improvisados en la zona de Tívoli.

Esta catástrofe desorganizó la inmensa tela de araña policíaca que el Presidente había ido tejiendo, porque las gentes, unidas por la desgracia, comenzaron a hablar sin trabas entre sí. Era imposible tenerlo *todo controlado*, como antes.

La universidad se cerró. La sanidad sufrió un golpe gravísimo: varias salas del Hospital General –incluyendo la nueva sala de operaciones recién inaugurada– quedaron en ruinas. El gobierno no supo afrontar la situación. La exasperación popular fue creciendo y se perdió el miedo a hablar en voz alta. En mayo de 1919 el obispo Piñol predicó unas homilías en la iglesia de San Francisco sobre la corrupción, con críticas veladas al gobierno. El Presidente lo arrestó y acabó expulsándolo del país; pero nada volvería a ser lo mismo.

Y así llegamos a 1919, año en que comienza una etapa decisiva de la vida del abuelo. Tiene veinte años; lleva dos cursos sin asistir a clases. La ciudad se va reconstruyendo lentamente, venciendo dificultades innumerables. En 1918 el país sufre una grave epidemia de influenza. La universidad sigue cerrada. Para ocupar el tiempo, ha organizado en su casa un pequeño laboratorio y va estudiando por su cuenta. Pero los meses pasan, y no parece que la Universidad vaya a abrirse pronto. Se encuentra en un callejón sin salida. ¿Qué puede hacer? ¿Esperar un año, dos, tres años más? Es un periodo de incertidumbre y desconcierto.

Te parecerá increíble, Paola, pero pocos años antes se había graduado Olimpia Altuve, la primera universitaria de Guatemala, y el Presidente en persona quiso entregarle el título. Parecía algo tan excepcional que una mujer fuera a la universidad como que un hombre estudiase en el extranjero, cosa que sólo habían hecho, hasta la fecha, algunas personalidades de renombre, como el insigne doctor Rodolfo Robles.

Les cuento esto para que valoren la decisión del abuelo, que... pero no adelantemos acontecimientos. Un buen día de 1919 el doctor Arturo Gálvez Paiz, un médico prestigioso que había estudiado en París, le dijo al bisabuelo:

—Don José María: su hijo Ernesto es inteligente y es trabajador. ¿Por qué no lo envía a estudiar a Francia?

Y el bisabuelo decidió que estudiase en La Sorbona.

Junto con las posibilidades económicas, el bisabuelo tenía varias razones para tomar esa decisión. Una de ellas era la falta de una fecha concreta de reapertura de la Universidad. Y es muy posible que deseara alejar a su hijo del Presidente, que estaba cada vez más alejado de la realidad y daba ya muestras patentes de locura.

Sea por la razón que sea, el caso es que cuando el bisabuelo se lo dijo, el abuelo no se lo creía. ¡Él, con veinte años, a París! ¡Si no se había atrevido ni a soñarlo siquiera! ¡A La Sorbona, nada menos: a una de las universidades más prestigiosas del mundo! Además, iba a ir... ¡en barco!

No se rían. Un viaje en barco suponía en aquel tiempo toda una aventura, y el abuelo no había visto el mar. El viaje más largo que había hecho era de aquí a Antigua, en aquellas carretelas de mulas que tardaban diecisiete horas.

Preparó las maletas... Y aquí se abre un apasionante capítulo de su vida, que ya les contaré con calma otro día.

Con todo cariño:

Papá

II

20 de agosto de 1999

Queridos Jorge, Paola y Diego:

He fechado esta carta cuando se cumple otro aniversario del abuelo. Hace poco pasé cerca de la estación Pamplona, desde donde se marchó a Francia el 20 de agosto de 1919: hoy hace ochenta años justos. No se me olvida la fecha, porque coincide con el cumpleaños de la prima Mercedes.

Toda la familia fue a la estación para despedirle. Y cuando arrancó el tren, vio, entre la humareda de la locomotora, como la bisabuela se arrodillaba y le bendecía, con la cara anegada en lágrimas.

Esa imagen estuvo siempre presente en su memoria: su mamá, de rodillas, dándole la bendición, mientras el tren se alejaba traqueteando hacia Puerto Barrios...

Se marchaba, apenado por una parte y feliz por otra: iba a comenzar la gran aventura de su vida. ¿Se imaginan? ¡Qué ilusión tendría al contemplar la Sierra de las Minas y el verdor de las montañas del Mico, de Zacapa, de Quirigua...!

Hacía once años que funcionaba aquella línea de ferrocarril, y aunque había pasado el tiempo de los viejos treneros, que tenían un amor en cada estación, viajar en tren seguía siendo un sueño dorado para la mayoría de los guatemaltecos. ¿No han oído nunca esa canción?

Ya llegó el tren hacia Mazatenango
y en las llanuras muy alegres va pitando
y los trenistas van felices viendo el mango
que el conductor de la boca me quitó...

El tren tardaba doce horas en llegar a la costa: doce horas apasionantes, en las que vio aquellos paisajes maravillosos de los que había oído hablar tantas veces, entre pitidos y vaivenes, con paradas interminables en las estaciones.

Me lo imagino en el vagón, acodado en la ventanilla, evocando los dos últimos años de su vida, desde agosto de 1917 hasta aquel agosto de 1919. Un periodo extraño: el fin del Bachiller, los terremotos, la reelección de Estrada con el apoyo de los intelectuales y las «cabezas pensantes»... La Universidad, cerrada por tiempo indefinido... Y cuando el horizonte parecía más negro, ¡París!

Lo veo bajando del convoy, cansado por el viaje, paseando con sus valijas por la Bahía de Amatique, tarareando *Bella Guatemala* entre cajas de bananos y sacos de café. Allí vio el mar por primera vez.

Y desde allí se embarcó de nuevo rumbo a Nueva York. Debía de tener el alma a punto de estallarle de ilusión al subir por las escalerillas del barco. Una ilusión bañada en tristeza, porque —como contaba por carta años después— fue una **travesía dura, llena de penas, de incertidumbre**. ¿Qué le esperaba en París? Tendría que estudiar y examinarse... ¡en francés! Era optimista por naturaleza, pero quizá aquello fuera superior a sus fuerzas y tuviera que retornar a Guatemala, fracasado...

Pasó por Nueva Orleans. No sé si vio las antiguas casas coloniales con sus largos balcones característicos, rebosantes de flores; sólo sé que experimentó por primera vez el aislamiento que supone un idioma desconocido y unas costumbres extrañas. En cuanto pudo tomó el tren que le llevó a Nueva York. Allí se **sentía como perdido, sin hablar el idioma, sin conocer a ninguno.** A los pocos días se embarcaba de nuevo, rumbo a Europa.

La nave cruzó el Atlántico en un tiempo récord: ¡veintiún días!, cifra asombrosa para aquellos tiempos.

Llegó a Francia el 10 de septiembre, en un tarde lluviosa. El transatlántico atracó en el puerto del Havre, que está relativamente cerca de París. Muy pronto, quizás al día siguiente, atisbaría por primera vez, en la lejanía, la silueta de la Ciudad de la Luz: las torres de Notre Dame, la cúpula del Sacre-Coeur, la Torre Eiffel...

Me lo imagino, con sus veinte años, bajo las marquesinas de la *Gare d'Orsay*, preguntando, muy decidido, con su francés balbuciente, por la calle donde estaba la Residencia de Luciano Boudousse, que tenía un negocio de importación y exportación con sede en París y hacía las funciones de banquero con los pocos guatemaltecos que tenían hijos en Francia. Era su «hombre de confianza» en Europa.

Supongo que el abuelo iría trajeado al estilo de aquí, con un sombrero de jipijapa y un saco ligero del trópico que llamaría la atención en aquel nuevo mundo que desfilaba ante sus ojos: las riberas del Sena, con muchedumbres agitadas que iban y venían; las estaciones del Metro, de estilo *art-nouveau*; el bullicio estudiantil del Barrio Latino...

Se frotaría los ojos, sin creérselo todavía: ¡era verdad! ¡Estaba en París, en la capital del mundo, donde se tomaban las grandes decisiones! Acababa de terminar la Primera Guerra Mundial y al mes de llegar, el 11 de octubre, el Senado francés ratificó el Tratado de Versalles.

Estaba feliz, pero... no conocía a nadie y estaba a miles de kilómetros de su familia. Y aquel sol pálido... Había pasado de nuestra luminosidad esplendorosa a una ciudad de edificios espectaculares; pero velados con frecuencia por brumas grisáceas y nubarrones tristes. El viento del otoño le traería nostalgias de nuestra *eterna primavera...*

Ustedes no han tenido todavía la experiencia de vivir solos en el extranjero. Le escribía el abuelo a la tía Clemen: **El desconsuelo es lo primero que se apodera de uno, que trata de dominar la voluntad. El deseo es ardiente por volver, por abandonarlo todo para ser feliz al lado de los suyos, de lo que uno ama.**

No tuvo más remedio que sobreponerse a sus sentimientos y adaptarse. No debió ser fácil. Aún se veían uniformes militares, ingleses y norteamericanos, por las calles, y se había desatado en aquella ciudad, después de tantos años de angustia, un deseo frenético, casi enloquecido, de gozar, de vivir.

John Dos Passos, un novelista norteamericano, define el París de aquellos años como una ciudad *llena de música*. La Ciudad de la Luz, como la llamaban, era la meca de la moda y del lujo; la capital del arte. Los grandes artistas se dieron cita allí. Uno podía toparse en los cafés de moda con Chagall o Modigliani en la mesa vecina...

De todos modos, aunque le costara adaptarse a las nuevas costumbres, le admiraron las virtudes de los franceses y el ambiente cultural parisino le encantó. Francia entera le fascinó.

Llegué a París –recordaba– **muy reciente de terminarse la primera conflagración mundial, que tan herido dejara al pueblo francés, que se levantaba con ánimo renovado de los escombros de la guerra.**

Pareció una nueva aurora, después de años de tormenta: había optimismo en el ambiente y esperanza de que aquel vandalismo no volviera a repetirse.

Comenzó a preparar el examen de ingreso, el P.C.N., que comprendía tres asignaturas: Física, Química y Ciencias Naturales. Podía haber conseguido que se las convalidasen, pero decidió ampliar conocimientos y examinarse, porque era consciente de la insuficiencia de su formación académica.

Piensen cuánta madurez y realismo supone esta decisión. **Este es el error** –explicaba– **de los que vienen a estudiar Medicina y logran que se les dispense el P.C.N., valiéndose del título de bachiller; entran a la Facultad desorientados, sin el idioma, sin métodos de trabajo, sin costumbre de asistir a los cursos.**

Comenzó su vida universitaria. En las aulas se vivía un momento excepcional: tras el largo paréntesis de la guerra, en aquel noviembre de 1919 se reanudaban las clases. Los recién llegados, como el abuelo, se encontraron con alumnos de cursos superiores que habían pasado varios años en el frente; y con profesores que habían trabajado como médicos militares y guardaban vivos en la memoria los desastres del conflicto. Eso le dio a la universidad de aquel periodo un estilo práctico y realista.

La Sorbona era –y sigue siendo– una Universidad de máximo prestigio. Basta con visitar el edificio de la Facultad de Medicina para darse cuenta del puesto preeminente que ocupaba la Medicina francesa en el mundo. Se atraviesa un espacioso patio de entrada; se asciende por unas escalinatas solemnes, flanqueadas por una selva de columnas de pórfido; y se llega a unos salones magníficos, con suelos de mármol y paredes adornadas con bustos de médicos famosos, con inscripciones como ésta, que les traduzco:

Reinando Luis XVI se comenzó este edificio,
consagrado al estudio y a la perfección de la cirugía,
por orden y bajo los auspicios de Luis el bien amado,
en el año de gracia de MDCCLXIX.

En Francia no existían lo que ahora llamamos Hospitales Universitarios; pero muy pronto, a comienzos del curso siguiente, el 19 de octubre de 1920, el Ayuntamiento de París y la Universidad firmaron un acuerdo por el cual los profesores de la Facultad de Medicina se convertían en Jefes de servicio de los diversos hospitales de la ciudad.

Con este acuerdo se dio un paso de gigante, según los historiadores de la Medicina, porque la sanidad francesa comenzó a beneficiarse de los avances científicos universitarios, y los nuevos alumnos de la Facultad, como el abuelo, recibieron una enseñanza clínica directa. Por eso explicaba el abuelo que entró, **más que a la escuela de Medicina, al** hospital, a preparar el primer concurso, el del externado que se llama.

Durante ese curso decidió cambiar de Residencia. En la de Monsieur Boudouse vivían demasiados latinoamericanos, y pensó que de aquel modo no iba a dominar nunca la lengua. Se instaló en *la Rue du Dragon,* entre el *Boulevard Saint Germain* y las calles *Four* y *Grenelle.*

La Rue du Dragon es una calle estrecha, con el ambiente característico del Barrio Latino. Me gustaría que algún día la vieran, con sus edificios altos y retranqueados, de cuatro y cinco plantas, y sus casas de portones señoriales. En los muros hay placas que recuerdan las personalidades que vivieron allí. Se lee en una de ellas:

> *Víctor Hugo habitó en esta casa en 1821.*
> *29 de febrero de 1907.*
> *Los Hugófilos*

Un poco más allá había vivido Huysmanns, el *constructor de París*; y en una casa cercana, dos escritores famosos: Giono y Martin du Gard.

Todas las semanas recibía una carta del bisabuelo, desde Guatemala. No exagero: *le escribía todas las semanas.* Por ese medio, el abuelo, además de seguir en contacto con la familia, estaba al tanto de la vida política de aquí. La situación había mejorado relativamente. El Congreso había inhabilitado a Estrada declarándole loco, pero el viejo dictador se había resistido desde su residencia, «La Palma», y había bombardeado la capital desde allí...

Le sucedió en el poder un terrateniente azucarero, Carlos Herrera. Pocos meses después se celebró en Costa Rica una Conferencia que creó la Federación de las Repúblicas centroamericanas. Parecía hacerse realidad, por fin, el viejo sueño unionista, y el 15 de septiembre de 1921 Guatemala se unió con Honduras y El Salvador, formando un nuevo estado, con la capital en Tegucigalpa, que se llamó *República de la América Central*.

Pero aquel sueño se desvaneció enseguida: hubo un golpe de estado y obligaron a Herrera a renunciar al cargo. Se instauró un triunvirato con una figura central, Orellana, colaborador cercano de Estrada, que se retiró de la Unión el 14 de enero de 1922.

Desde 1921 a 1926, el abuelo hizo *el externado* en los hospitales de París, al que se accedía mediante una oposición. Era un estudiante bueno y responsable. Les subrayo esto, porque el ambiente frívolo de los años veinte, tan bohemio y extravagante, se ha hecho desgraciadamente famoso.

Era el París de los *años locos*. Triunfaba el fox-trot y el java, unos bailes de los que estoy seguro que no han oído hablar jamás. ¿Recuerdan aquellas películas de Maurice Chevalier, en las que bailaba claqué, cantando: *¡No hay nadaaa/ mejor/ que/ Pariiiiiiiiiis!?*

¡Qué cosas digo! ¿Cómo van a conocer a Maurice Chevalier, si piensan que Los Beatles son un *conjunto antiguo*?

París vivía un periodo de esplendor desenfrenado. La Torre Eiffel estaba iluminada por medio millón de bombillas; y la ciudad era el símbolo mundial, junto con Nueva York, del progreso y la modernidad. Una *modernidad* bastante enloquecida en sus costumbres y sin referencias morales, aunque, gracias a Dios, el abuelo, como contaba la tía Uca, no se dejó arrastrar por aquel ambiente en que «el exceso se había convertido en la regla habitual».

En palabras de la tía Uca «lo malo que se aprende en esos países no lo aprendió, a pesar de que estaba en la flor de la vida y no era ningún monje o cosa por el estilo. Pero nunca fue, ni mucho menos, un libertino, ni un vicioso ¡en ningún sentido! Ni un inmoral, o un despilfarrador... ¡nunca!»

Ese tiempo fue, para el abuelo, tiempo de estudio intenso, trabajo y responsabilidad. Pero me he perdido, y ya no sé qué les estaba diciendo... Ah, esto venía a cuento del ambiente que le rodeaba en 1926, cuando terminó *el externado* y comenzó a preparar el examen para *el internado* en los Hospitales de París, la «gran escuela» de la Medicina francesa.

Ser *interno de los Hospitales de París* significaba la gloria, el sueño dorado, la más alta aspiración de un estudiante de Medicina de aquel tiempo. Todas las grandes figuras de la Medicina francesa del siglo diecinueve habían ganado esa oposición, que gozaba de un prestigio inmenso, dentro y fuera del país.

La oposición funcionaba con un sistema muy francés. Cuando los alumnos internos ganaban la oposición seguían siendo estudiantes, pero asumían las responsabilidades de los médicos, y se convertían, durante cuatro años, en lo que llamaban *médicos y cirujanos residentes*; y al terminar la carrera defendían sus tesis, dirigidas por eminencias científicas de su especialidad.

El abuelo se lo propuso, aunque sabía que era una oposición durísima: había pocas plazas —setenta en total— para cientos de opositores, y debería pasar años de estudio intenso, recluido entre las cuatro paredes de su apartamento.

Se presentó en la primera convocatoria... y nada.

41

Volvió a encerrarse para estudiar.

Fueron sucediéndose las estaciones —allí no viven siempre en primavera, como nosotros—: verano, otoño, invierno... y el abuelo continuaba en la soledad de su cuarto, repasando una y otra vez las materias del examen, oyendo por la ventana el ajetreo de la vida de París...

Dejémosle por un momento preparando sus oposiciones en la Rue du Dragon y regresemos a Guatemala, a casa de los bisabuelos. Les he dicho antes que la bisabuela Clotilde era una mujer de carácter, muy independiente para lo que se estilaba entonces. Ahora, ustedes tres pueden estudiar y practicar los mismos deportes... aunque dudo mucho, Paola, que acabes jugando al fútbol. ¿Sabes lo que decía el abuelo de ti? **Esta nieta mía no anda, ¡danza! Será bailarina.** Es verdad, Paola: de pequeña ibas de puntillas por los pasillos, como dando pasos de ballet.

Me he vuelto a perder... Ah, les decía que ahora ustedes tres tienen las mismas oportunidades, pueden practicar los mismos deportes, viajar al extranjero... Esta igualdad, a comienzos de los años veinte, en Guatemala al menos, resultaba impensable. La inmensa mayoría de las mujeres vivían recluidas en su hogar, sin aspiraciones de ningún tipo, preteridas social y culturalmente. Y en eso, la bisabuela Clotilde fue una excepción.

Además, estaba inquieta por su hijo, al que no había visto desde hacía varios años, y esa separación se le hizo insoportable.

Entonces las distancias parecían inmensas. Ahorita mismo, si marcamos el prefijo de México, podemos platicar por teléfono con la tía Clemen; pero entonces la bisabuela sólo podía comunicarse con su hijo por correo, mediante cartas que tardaban semanas en ir y venir.

Hasta que un día no pudo más y le dijo al bisabuelo que debían ir a verle a París. El bisabuelo se inquietó: sabía que cuando se decidía a algo, era muy difícil detenerla.

—¿Francia? ¡Qué locura, Clotilde! ¿Para qué vamos a ir a Francia?

—¡Para ver a nuestro hijo! ¿Te parece poco?

Discutieron y discutieron, hasta que el bisabuelo sentenció:

—¡Mirá! Si te vas... ¡te vas sola!

—¡Pues me voy sola!

—¿Cómo? ¡No te vas!

—Sí que me voy. ¡Es mi hijo y quiero verle!

—Clotilde: ¡como te vayas, no retornes a esta casa!

La bisabuela llegó a París sin saber nada de francés y estuvo allí durante una temporada, orientándose a duras penas. Su punto de referencia era una tienda que tenía una calabaza en la puerta, que iban vendiendo en porciones... hasta que vendieron la calabaza entera, y la bisabuela se perdió. Empezó a dar vueltas por el Barrio Latino. Menos mal que encontró a un policía y le enseñó la tarjeta donde el abuelo le había escrito la dirección de la casa...

Durante ese tiempo fueron a Lourdes. No sé que sucedió allí, salvo que aquella peregrinación fue muy importante para el abuelo, que hasta entonces no parecía especialmente interesado en la religión. Aquella estancia en Lourdes significó en su alma un «antes» y un «después».

No es que fuera un hombre sin fe; creía en Dios; pero su fe, en aquellos momentos, no era algo decisivo en su vida. Sólo pensaba en estudiar, en ser interno de los Hospitales, en triunfar. Pero no tengo más datos sobre este punto: ya les digo que es sólo mi impresión.

La bisabuela regresó a Guatemala. Llamó a la puerta de la casa, y salió a recibirla el bisabuelo.

–Aquí vengo –le dijo.

–¿Cómo? ¿Regresas aquí? –dijo el bisabuelo, furioso.

–¡Naturalmente que regreso *aquí!* ¡Como que ésta es mi casa!

Entró con sus valijas... y ahí acabó todo.

Así eran: con un carácter de fuego y un temperamento volcánico. Cada vez que veo los volcanes Agua y Fuego pienso en ellos...

Volvamos a París, donde hemos dejado al abuelo preparando sus oposiciones.

Se presentó por segunda vez al examen. Hizo las tres pruebas escritas, y ¡fue seleccionado! Es fácil imaginarse su alegría...

Eso le permitió acceder a la terrible prueba oral que duraba... ¡cinco minutos!

Y ahí se quedó.

Volvió a encerrarse por tercera vez entre sus libros. Pasaron los meses; y al fin, en 1927, a la tercera oportunidad, se presentó al examen, hizo las tres pruebas, lo seleccionaron, superó la prueba oral y obtuvo 56 puntos. ¡Ya era interno! ¡Al fin!

...Aunque, en realidad, era sólo «interno interino», porque para obtener la titularidad necesitaba 56 puntos... y medio.

Medio punto más, medio punto menos, ya había ingresado en los Hospitales de París. En esa época le visitó su amigo Miguel Angel Asturias, que le hizo una entrevista para *El Imparcial*, publicada en Guate poco después.

«El último triunfo de Ernesto Cofiño –escribía Asturias– me hizo distraerle de sus ocupaciones con una visita que le tenía prometida desde mi llegada a París y que no había podido hacerle. Le busqué en su pisito de la calle del Dragón y después de un largo abrazo, le dije:

–Vengo a que conversemos mil quinientas noches seguidas.

–**Con mucho gusto, hermano**, me contestó, **pero ¿de qué vamos a conversar tanto tiempo?**...

–De ti...

–**¿De mí?**

Nos sentamos en un diván azul oscuro; y le repetí que íbamos a conversar de él, del doctor Ernesto Cofiño, del interno de los Hospitales de París.

–**Te acuerdas...**

–Nada de «te acuerdas», le interrumpí: los recuerdos nos interesan a nosotros dos y yo vengo a hacerte una entrevista, quiero que el público de Guatemala –¿te acuerdas de Guatemala?– sepa que eres el primer guatemalteco y después del doctor De Bayle el primer centroamericano que alcanza el ponderado puesto de interno.

–**...Pero a qué precio, hermano. Los mejores años de mi vida los he dejado en la preparación del soñado inter-**

nado. Siempre creí que si el título de la universidad de París es muy honroso, mucho más honrosa es la categoría del interno...

—Que entre nuestros paisanos, todos los que han pasado y hecho sus estudios en París, eres el primero en alcanzar...

A mí me entusiasma tu triunfo, continué, porque es una afirmación rotunda en el haber de la juventud guatemalteca. Si queremos reemplazar a los viejos debemos ser más aptos que ellos. ¿Y en qué trabajas ahora?

—Tengo a mi cargo un servicio en el hospital de niños enfermos».

El futuro premio Nobel presentaba al abuelo como un ejemplo a seguir para los jóvenes guatemaltecos. No deseaba que se le considerase un ideal alcanzable sólo para *mentes privilegiadas*, y concluía con tono dolorido:

«No quisiera que al ver esta entrevista y comentarla dijesen: es muy inteligente, porque bien sabemos que en Guatemala todas las medianías gozan de la fama de inteligentes; quisiera algo más, quisiera que el lector dijese: es un gran trabajador, es una gran voluntad al servicio de un cerebro normal, ya que debemos convenir que Cofiño no ha llegado a donde se propuso por su inteligencia simplemente, sino por su voluntad de trabajo y sacrificio, virtudes que hacen falta en países donde el charlatán deslumbra y el mediocre sienta cátedra sobre materias que ignora o que apenas conoce superficialmente».

El abuelo había puesto su máximo empeño en aquella oposición, sacrificando por ese ideal los mejores años de su vida, como le dijo a su amigo Asturias. Años después, cuando me ponía nervioso con mis exámenes de la Universidad, me decía que él, ya casado, sufría pesadillas algunas noches y se despertaba, sudando...

–¿Qué te sucede, Ernesto?, le preguntaba la abuela.

–Estaba soñando que me presentaba al examen de nuevo...

Comenzó a trabajar en el Hospital de Niños Enfermos, en la *Rue de Sèvres*, que sigue funcionando. Aún se puede pasear por su gran avenida central, flanqueada por dos hileras de plátanos, entre los pabellones pintados de blanco. Allí ejerció la Medicina junto a las primeras figuras de la Pediatría francesa.

Había merecido la pena tanto esfuerzo. Ser interno –decía– es estar muy cerca del Jefe de Servicio, el Patrón, como le llamábamos, con una perfecta mezcla de cariño, respeto y agradecimiento; era también sentir la emoción de ser responsable; pasar visita, ser «pequeño jefe». Se hacían cargo de las guardias, investigaban junto a los grandes especialistas, estaban constantemente junto a los enfermos... y todo eso les proporcionaba una formación teórica y práctica formidable.

Durante ese mismo año, 1927, publicó un estudio sobre la peritonitis con Jean Hutinel, Medalla de Oro en Medicina y médico honorario de aquel Hospital desde 1921. Un año después hizo otro estudio con Mozer, sobre la vacuna contra la difteria.

Colaboró con *los grandes*: con Pierre Nobecourt, Premio de Medicina en 1898 y Jefe de Clínica del Hospital desde 1914; con Aviragnet; y con Pierre Lereboullet, Medalla de Oro y profesor agregado de Patología Interna. Y trabajó junto a Robert Debré, su Jefe de Clínica, que se convertiría, según los historiadores de la Medicina, «en el más ilustre de los pediatras franceses del siglo XX y en uno de los primeros médicos del mundo».

Robert Debré era un personaje singular, oriundo de Sedán, en la frontera con Bélgica. Un tipo alto, delgado, de rostro anguloso, con una barba poblada y una nariz aguileña, que estaba en la plenitud de su vida profesional. Era especialmente admirado por sus clases de Bacteriología en la Facultad, por sus cursos de Pediatría en el Hospital y sus trabajos de investigación.

Era un médico humanista, con una formación universitaria nada convencional. Al terminar el Liceo estudió Filosofía; fue discípulo de Charles Péguy y era amigo de intelectuales como Maritain y de poetas como Paul Valéry; pero dos años después de obtener la licenciatura en Letras decidió, ante el asombro general, «cambiar los libros por los hombres y el pensamiento por la acción» y comenzó a estudiar Medicina.

Debré era un trabajador infatigable; culto y tolerante; de una vitalidad y de una memoria prodigiosa; tenaz, creativo y renovador; con una profunda sensibilidad hacia los problemas de los más necesitados. Cuando el abuelo le conoció, estaba ligado al Instituto Pasteur y dirigía importantes estudios en el ámbito de la Bacteriología y la Anatomía Patológica. Se había situado en la punta de lanza de la investigación pediátrica, poniendo en práctica el consejo que daba a sus alumnos:

«Hay que hacer un esfuerzo desesperado –y la expresión no es exagerada– para estar al corriente de todas las ramas de la medicina de niños».

El abuelo mantuvo con él una relación profesional muy intensa: le dirigió la tesis doctoral y fue *su maestro* en el sentido más pleno de la palabra.

Por su parte, Debré manifestó siempre un gran afecto por el abuelo, un afecto que solía exteriorizar, cosa inusual, porque, según cuentan, tenía un modo de ser reservado y distante.

Desde el punto de vista espiritual siguieron trayectorias diversas. Debré había crecido en un clima familiar intensamente religioso: su padre era Gran Rabino de la comunidad israelita de Neuilly. Pero abandonó la fe de sus padres en la adolescencia. «Y tú, ¿qué religión tienes?» —le preguntó su hermana, a los quince años. —«¡Yo soy pagano!» le respondió.

El abuelo, por el contrario, fue pasando desde la aparente atonía espiritual de su primera juventud a un progresivo acercamiento a Dios. Sobre esa «atonía» hay diversas opiniones. Unos aseguran haberle oído decir que cuando vivía en París, fiel a las enseñanzas de la bisabuela, asistía a Misa los domingos; otros, que durante ese tiempo no iba a Misa, porque estaba muy centrado en su trabajo, aunque seguía siendo un hombre creyente, de vida limpia y bueno en su comportamiento.

Yo no sé qué pensar, porque no solíamos hablar del pasado; pero me da la sensación de que durante esos años estaba algo descuidado en su vida espiritual. Según la tía Clarita había decidido quedarse en París, entre otras razones, porque se había enamorado de una francesa.

¿Quedarse en París? Eso no entraba dentro de los planes del bisabuelo, que seguía escribiéndole una carta todas las semanas. El abuelo intentaba responderle con la misma frecuencia, pero cuando comenzó a trabajar en los Hospitales ya no le daba tiempo, y en una ocasión le envió diez cartas de seguido.

El bisabuelo le contestó a vuelta de correo:

Querido hijo:

No te preocupes en escribir diez cartas de junto. Ya me he dado cuenta de que todas tienen el mismo matasellos.

Y decidió traérselo para acá.

Dicho y hecho. En 1929 se embarcó con las tías Clarita y María en un vapor de la Hamburg-American Lines, y se fue a París.

Tardaron un mes en llegar a Amsterdam. Recuerda la tía Clarita que en Europa hacía un tiempo bellísimo y que el paisaje holandés les encantó, con los molinos de viento y los campos cuajados de tulipanes.

Desde allí viajaron a París y se alojaron con el abuelo en un hotel, frente a la iglesia de *Saint-Germain-des-Prés*. La tía Clarita tiene grabada la figura del abuelo, con treinta años, paseando por los bulevares del Barrio Latino, «alto, delgado, elegante, con los ojos claros y su carácter alegre, ¡muy alegre! ...y algo mal genioso a veces, aunque poco a poco se fue dulcificando».

Las tías estaban en la flor de la vida y al abuelo le ilusionaba llevarlas a la Ópera, para que conocieran *le grand monde*. Como no podían ir de cualquier manera, se compraron unos vestidos de noche. Luego, no sé qué pasó; el bisabuelo se enfadó y dijo: ¡nada de Ópera!

—¿Y qué hacemos ahora con los vestidos? —se quejaban las tías, llorosas.

—¡Ya los estrenarán en Guatemala! —dijo el bisabuelo.

Quizá el bisabuelo no quería que sus hijas se *enamoraran* de las gentes de París, como le había sucedido a su hijo

Ernesto. Según la tía Clarita, el bisabuelo estaba dispuesto a traérselo para acá a como fuera lugar, y le explicó el plan que pensaba hacer: primero se iría con ellas a España; y al cabo de un mes, cuando volvieran... ¡ya se tenía que haber recibido!

Me imagino la respuesta del abuelo. ¡Como si una tesis se pudiera hacer y defender en unos cuantos meses!

Y empezaron su *tour* europeo. Fueron a Infiesto a *buscar sus raíces*, y luego el bisabuelo estuvo paseando a sus hijas por Andalucía. Las llevó a Sevilla, para que vieran la Exposición Universal que se celebraba aquel año, y al cabo de un mes, como había dicho, regresaron a París.

–¿Bien? ¿Ya te recibiste? –le preguntó el bisabuelo, nada más llegar.

El abuelo no se había doctorado, naturalmente.

Entonces, el bisabuelo... ¡decidió quedarse un año entero en París, aguardando hasta que se recibiese!

Así es como cuenta esta historia la tía Clarita. En cuanto a la novia francesa... no tengo ni idea; quizá haya algo de novelería en el asunto –quizá no– y cierto gusto por imaginar romances donde no los había, porque las tías eran entonces dos muchachitas jóvenes... Yo sólo les puedo decir que el abuelo afirmaba que desde siempre había querido casarse con una guatemalteca, y hay pocas guatemaltecas en París...

Sea cierto o no lo de la novia francesa, lo que cuenta la tía Clarita retrata fielmente el carácter del abuelo, trabajador y responsable; y el del bisabuelo, testarudo como pocos y completamente *chapado a la antigua*.

Muchas veces, al recordar la figura del bisabuelo, he pensado que es un buen ejemplo de cómo Dios se sirve hasta de nuestros defectos y limitaciones para llevar a cabo sus planes de salvación; porque si no llega a ser por medio de aquella testarudez y de aquel genio autoritario, dudo que el abuelo hubiese regresado tan pronto de París.

Al fin, el abuelo defendió su tesis, dirigida por Robert Debré, el 6 de noviembre de 1929, con un tema de gran interés científico: *la sensibilidad a la tuberculina en los niños vacunados por BCG*. Demostró que la vacuna administrada por vía oral era capaz de positivizar la reacción tuberculínica. Y poco más puedo decirles, porque no soy médico.

Esa tesis fue laureada con la Medalla de Plata de la Facultad de Medicina. ¡Medalla de Plata! ¡Ése era un honor enorme!

Con la tesis defendida, y de modo tan brillante, a fines de 1929 se dispuso a abandonar París. La ciudad había dado aquel año su último adiós al mariscal Foch, el héroe de la Primera Guerra, con grandes honras fúnebres. Pusieron un gran catafalco bajo el Arco de Triunfo y se organizó un largo desfile en su honor. La comitiva entró solemnemente en Notre Dame al toque de trompeta y a la luz de las antorchas.

Parecía que la amenaza de la guerra había desaparecido para siempre...

Como escribió el abuelo, **había optimismo en el ambiente y esperanza de que aquel vandalismo no volviera a repetirse. ¡Sólo fue una esperanza...!**

Un espejismo. Pronto se descubrió, como decía un escritor de la época, que aquella ciudad alocada «llevaba años danzando sobre un volcán».

Y... basta por hoy. Me he alargado mucho. Otro día continuaremos con esta historia. Con todo cariño:

Papá

III

15 de septiembre de 1999

Queridos Jorge, Paola y Diego:

Vuelvo a tomar la pluma. En 1929, hace ahora setenta años, el abuelo regresó a Guatemala. No sé en qué mes: la tía Clarita sólo recuerda que ella y la tía María «traían puesta una boinita, a la española». Debió ser en diciembre, porque el diploma del doctorado está fechado el 8 de noviembre.

Escribía: **Fue finalizando 1929; llegué después de largo viaje en barco, con un alejamiento de once años. Revivió mi amor por la familia, por la tierra, por nuestras costumbres... sin por eso dejar de añorar París.**

Esa añoranza de París y Francia le acompañó durante toda su vida. Nunca olvidó aquel país con el que contrajo **una deuda de amor** –decía– **que mantengo fresca, como en las primaveras de París florece el** *Muguet.*

Durante aquellos once años, Guate se había triplicado y rondaba los 250.000 habitantes, aunque conservaba muchas antiguas tradiciones. La *vida de sociedad*, por ejemplo, seguía girando en torno a los salones, donde se celebraban largas veladas en las que se cantaba al son del piano o del acordeón.

La ciudad se había repuesto del terremoto; se habían re-edificado las torres de la catedral; pero —escribía el abuelo, con pena—, durante aquel periodo **apenas había habido un empuje, un desarrollo aparente desde que yo la dejara.**

Sus amigos le pusieron al tanto. Ya no se celebraban Mi-nervalias, como en tiempos de Estrada, aunque quedaba el gusto por los desfiles, que todavía perdura. El Presidente era Lázaro Chacón, un militar del Oriente, y el clima polí-tico continuaba inestable. En enero de aquel año había es-tallado una insurrección, sofocada a las pocas semanas, que había tenido al país bajo la ley marcial hasta marzo.

Algunos, al verle de nuevo, se extrañaron. ¿Para qué re-gresaba? En París estaba ya situado y acá... El índice de anal-fabetismo era muy alto; faltaban escuelas y libros; los pocos maestros que había estaban mal preparados y peor remune-rados.

Y de la Universidad, para qué hablar. ¡Era mejor que se olvidara de La Sorbona! No había especialistas en Radiolo-gía; el Hospital General no tenía un pabellón para aislar a los infecciosos...

A pesar de su gran preparación científica, sus comienzos profesionales en Guatemala no fueron ningún camino de rosas; porque en Francia podía ser lo que fuera, pero aquí era un *don nadie.*

...Un *don nadie* que a sus treinta y un años estaba de-seando independizarse en lo económico. ¿Qué hacer?

—Ernesto —le dijo su hermano mayor, el tío Chepe— al-quila una clínica en un buen sitio y yo te auxilio. ¡Ya me pa-garás cuando puedas!

Puso una clínica, en la que colocó, ilusionado, una placa de metal junto a la puerta: *Ernesto Cofiño. Médico.* Se abotonó su larga bata blanca —una de aquellas batas antiguas, que llegaban casi al suelo—, y se dispuso a atender a los pacientes.

Pero los pacientes no llegaban. Al enterarse el tío Chepe comenzó a llamar a sus amigos:

—Fulano, hazme un favor: te vas a la clínica de mi hermano y le pides que te haga un reconocimiento.

—¡Pero si yo estoy perfectamente de salud!

—¡No importa! ¡Que te reconozca de lo que sea! Anda, toma estos quetzales, y le pagas la consulta. ¡Y no se te ocurra decirle que vas de mi parte!

Y así, con la ayuda del tío Chepe y trabajando duro, se labró un prestigio. Cobraba 25 centavos por consulta y hacía visitas a domicilio, tratando cualquier enfermedad, no sólo de niños.

En Guatemala no existía la especialidad de Pediatría. Se consideraba al niño como un adulto en miniatura y algunos colegas de «la vieja escuela» le recibieron mal. «¿Qué me puede enseñar este jovencito *a mí* —decían-; a mí, que llevo ejerciendo durante décadas?» La pediatría guatemalteca estaba anclada a comienzos de siglo... ¡y él venía de uno de los hospitales más avanzados del mundo!

Poco a poco, se fue abriendo camino, entre mil dificultades. ¡No son nada fáciles los primeros pasos en la profesión! Cuenta Manuel Tilve que algunos le pusieron obstáculos cuando quiso incorporarse a la profesión. Tuvo que examinarse de nuevo el 28 de febrero para ejercer. El 4 de marzo de 1930 le concedieron la incorporación por unanimidad de votos.

Empezó a trabajar en 1931, como socio activo, con la Sociedad Protectora del Niño, una entidad privada creada por varios médicos para la atención de niños pobres. Esta Sociedad había construido en 1928 una enfermería con 12 camas, que llamaban «el Hospitalito».

En 1932, le nombraron Jefe de Clínica del Servicio de Medicina de Niños del Hospital de San Juan de Dios, y, según consta en su *curriculum,* siguió publicando trabajos de investigación sobre las enfermedades infantiles, la falta de alimentación y la tuberculosis.

Mientras tanto, situación política se había complicado. El General Chacón había sufrido un derrame cerebral el 10 diciembre de 1930 y dos días después el Consejo de Ministros había designado presidente interino a Baudilio Palma.

Aprovechando la coyuntura, varios grupos políticos intentaron derrocar al régimen; hubo luchas sangrientas en la capital, en las que murió Mauro de León, el vicepresidente; y Palma tuvo que refugiarse en la Legación alemana.

El 17 de diciembre de 1930 le sucedió como Presidente provisional el General Orellana. Tras éste vino Reina Andrade, que convocó unas elecciones, mediante las que accedió al poder otro General, Jorge Ubico, que en uno de sus primeros decretos anuló la limitada autonomía que había conseguido la Universidad, *para evitar la propagación de ideas subversivas.* Esta medida refleja su ideario político.

Pero ya trataremos de Ubico más adelante. Hablemos ahora de otro tema, que la vida no se acaba en el trabajo y la política.

El abuelo era un treintañero bien situado y de buena presencia: *un buen partido*, como se decía antes. Era joven, simpático, trabajador, y con un futuro prometedor por delante. Deseaba casarse, pero le faltaba tiempo, porque andaba siempre ocupado con sus enfermos...

Hasta que un día, en diciembre de 1930, cuando platicaba en una farmacia con un amigo suyo, Rafael Barnoya –soltero como él–, vio pasar por la sexta avenida a una muchachita de veinte años, alta, con el cabello negro y unos ojos muy lindos.

–¡Adiós, Clemencia! –dijo Rafael.

–¡Adiós, Rafael! –dijo ella, con cierta timidez, pasando de largo.

El abuelo se quedó mirándola. La vio tan formal, tan seriecita...

–**¿Quién es?**

–¿No la conoces? ¡Clemencia Samayoa!

Antes, en determinados ambientes se conocían todos. Cuenta la tía Uca que con el apellido te relacionaban al momento: «¡Ah, fulanito! Ese es hijo de tal y primo de cual!» Su amigo Rafael le contaría que Clemencia era una joven maestra de Quetzaltenango; que su hermana se llamaba Uca; y que... pero será mejor que les transcriba lo que escribió la tía Uca sobre aquel encuentro.

«–¡**Que muchacha tan bonita!** –exclamó Ernesto al verla–. (Y era verdad, porque Clemencia era una muchacha preciosa: menudita, chiquita –más chiquita que yo, que era cuatro años menor que ella– y tenía unos ojos lindos, de un mirar profundo y sereno).

—Mira, Rafael —le dijo—, de todas las muchachas que han pasado, es la primera que no va coqueteando... ¿No me la podías presentar?

—Con mucho gusto —le dijo Rafael— ¡pero no voy a decirle que venga aquí a verte! Tendremos que buscar una oportunidad. Aunque... ¿por qué te ha entrado de pronto tanto interés?

—Porque presiento, Rafael... ¡Presiento que con esa muchacha me voy a casar!

Era cerca del Año Nuevo y entonces era costumbre celebrar la Nochevieja en el Club Alemán, con un baile de gala.

—Muy bien. Si quieres —le dijo Rafael, bastante asombrado— vamos al baile del Club Alemán, y si ella llega, que casi siempre llega, te la presento...».

Y fueron al baile del Club Alemán, que estaba en la 11 calle y 5ª avenida de la zona 1, y era muy conocido por las veladas de concierto de cámara que organizaba. Sigue contando la tía Uca:

«—¡Allá está! ¿Ve? —le dijo Rafael a Ernesto en cuanto nos vio—. ¡Ha venido! ¿No se lo dije?

Era un baile de otros tiempos... La música que nos gustaba era muy cadenciosa y agradable, sin esos brincos y esos gritos de ahora. Todo se hacía según las reglas de la etiqueta: con sosiego, sin prisas... Pervivían algunas costumbres de sabor europeo: lo que aún nos quedaba de España... Por ejemplo, la etiqueta mandaba que las parejas fueran cambiando de compañero en cada pieza.

Al terminar una pieza, Rafael se acercó a nosotras y dijo:

—Clemencia, aquí te presento a mi amigo Ernesto que acaba de venir de Francia, donde se recibió como médico en La Sorbona.

Es como si lo estuviera viendo: alto, guapo, espigado, elegante, con su cuello duro de un blanco inmaculado, que resaltaba sobre una corbata oscura, con aquella sonrisa y aquel *savoir faire* tan especial...

–**¿Me concede este baile?** –preguntó Ernesto. Clemencia asintió como siempre: sencilla, algo distante. Yo acababa de cumplir los dieciséis y seguía atentamente la escena.

Empezaron a bailar. Era todo un contraste. Ella era una veinteañera casi adolescente y él, un hombre maduro que había superado los treinta. Ella era una maestrita tímida de Quetzaltenango y él, una futura promesa de la Medicina, ¡Medalla de Plata de los Hospitales de París! Ella no conocía casi nada y él era un hombre de mundo y se le notaba en todo: en el modo de presentarse, de hablar, de sonreír...

Al terminar, Ernesto le preguntó si le concedía la próxima pieza. Y bailaron la siguiente y la siguiente y la siguiente, alternadas: una sí, una no. Y siempre, en el último compás, le decía Ernesto:

–**Aquí, en este sitio, la voy a esperar. Por favor, concédame la siguiente...**

Y la aguardaba sin moverse de su sitio, como un estudiante. ¡Un estudiante de los de antaño, naturalmente! Aquella noche hablaron de mil cosas: ella, del colegio Minerva, donde había estudiado; y él, de La Sorbona y de las grandes ciudades que había conocido...

Ella se quedó deslumbrada; y es comprensible: se llevaban once años de diferencia (él era de 1899 y ella de 1910) y era casi una muchachita.

Tan muchachita era –éramos– que a las doce, no más, teníamos que estar en casa. El le pidió bailar otra vez, pero Clemencia, mirando el reloj, le dijo muy seria:

—Yo ya me despido. Muy buenas noches.

—**Por favor, Clemencia, no se vaya todavía, espérese.**

—Lo siento mucho, pero nos esperan en la casa antes de la doce.

—**Muy bien. ¿Y dónde la podré ver otra vez?**

Era todo aquel cuento tan romántico de que, aunque estuvieses deseando volver a verle, tenías que contestar con cierto desdén, como si no te importara... Estábamos en los años treinta y me parece una escena de una novela romántica del siglo XIX. Pero nuestra generación, en Guatemala, fue educada así. ¡Qué tiempos! Parecíamos gente de otra época; y quizá lo fuéramos, porque ¡vivíamos en un mundo tan distinto del de ahora!

Ella no podía decirle que no, porque se había quedado maravillada —yo creo que en aquel baile se enamoraron—; pero tampoco podía decirle que sí, porque el juego consistía en hacerse rogar, en hacerse esperar... Así que le contestó:

—Nos veremos en cualquier sitio: al azar nos hemos encontrado y al azar nos volveremos a encontrar...

Y al cabo de tres días —todo esto lo sé porque ella me lo contó, y yo seguía, además, ojo avizor—, a la salida del colegio, a las cuatro de la tarde, estaba esperándola Ernesto en una esquina, como si fuera un colegial de quince años. La acompañó a casa, y al terminar le preguntó:

—**¿Mañana puedo llegar a traerla?**

—Pues... —contestó Clemencia, un tanto indecisa—, está bien.

Y la fue acompañando, un día y otro, hasta la puerta de casa —sin entrar, naturalmente— hasta que un día coincidió con papá en la calle. «¡Doctor Cofiño! ¿Qué le trae por aquí?» Y papá, lógicamente, le invitó a entrar en casa. Clemencia estaba azoradísima.

Llamaron a mamá –a mí no, con mis dieciséis años yo no entraba en la colada– y a partir de entonces Ernesto comenzó a venir por casa, y empezaron los paseos en aquel Packard tan bonito que traía, ahora ya no hay esa marca, un automóvil que le había regalado a Ernesto uno de sus hermanos.

Fue su primer amor. ¡De ella, naturalmente! De Ernesto, desde luego que no...» .

¿Qué querrá decir la tía Uca con esa frase: «*de Ernesto, desde luego que no*»? Pues... no lo sé. Sobre esto nunca hablé con el abuelo. Sólo me comentó una vez, de pasada, cuando yo era novio de mamá, que la época más linda de una mujer es el noviazgo.

Ellos eran muy distintos entre sí, aunque en ciertos aspectos se parecían mucho. Tenían un perfil muy *moderno* para su tiempo: audaces, emprendedores, sin prejuicios, tolerantes, cultos... La abuela había sido alumna destacada del Colegio Minerva de Quetzaltenango, donde estudiaban las hijas de las «mejores familias» de la ciudad.

Ya les he dicho que en aquella época era raro que una mujer estudiase. Muchos pensaban que con que supieran atender su hogar y tocar el piano, ya tenían bastante. «Pero Clemencia era diferente –cuenta la tía Uca– y siempre tuvo deseos de aprender, de superarse, de ser útil... Fue de las pocas alumnas, si no la única, de sus compañeras que se recibió de maestra».

El abuelo se quería casar enseguida: a los dos meses, «porque fue siempre muy impaciente», dice la tía Uca.

Algo impaciente sí debía ser, pero no atolondrado; le gustaba dar a cada cosa su tiempo. A mí me maravillaba que en los ochenta siguiese usando una Remington Portable, la misma máquina con la que había escrito su tesis cincuenta años antes; y que además de conservarla en perfecto estado, cada vez que terminaba un trabajo la guardase en su estuche con calma y con cuidado. Y así, para todo.

Pienso que se quería casar enseguida no por impaciencia, sino porque estaba convencido de que había hallado a la mujer de su vida: una joven bellísima, pura en sus costumbres, educada, dulce, inteligente.

Pero tuvo que esperar, porque el 11 de noviembre de 1932, murió la bisabuela Clotilde, a los 66 años, tras una larga enfermedad.

La bisabuela había pedido que pusieran su cuerpo en el suelo cuando falleciera, como manifestación de humildad: no quería ningún boato funerario. Eso explica que cuando mi mamá llegó a la casa para dar el pésame, al ver a la bisabuela así, como ignoraba la causa, se lo reprochara al abuelo, porque le parecía un desamor...

La enterraron en el Cementerio General. Cada vez que voy a rezar ante su tumba le pido que interceda por nosotros, porque la bisabuela Clotilde fue, con su fe y su fortaleza, el cimiento cristiano del abuelo y de toda nuestra familia.

Continuemos con nuestra historia. Hemos dejado a los abuelos a punto de casarse. Como mandaba la tradición, el abuelo le fue «poniendo la casa a la novia», ayudado por sus hermanos. Y estando en ésas, enfermó la abuela de paratifoidea, una enfermedad mortal en aquel tiempo.

Imagínense su dolor y confusión. «Primero mi madre —debió pensar— y ahora, mi novia». Puso los medios a su alcance. Acudió a los mejores especialistas. Rezó...

Aquellas desgracias purificaron su alma y el amor de Cristo se fue apoderando de su corazón, cada vez más cercano a la Cruz.

La abuela se curó, y al fin, tras una larga convalecencia, el 21 de mayo de 1933 los abuelos se casaron en la capilla del Hospicio Nacional. Era «un día de muchísimo calor —recuerda la tía Uca—. Ella iba bellísima con su vestido vaporoso; y él, a su lado, me pareció, más que nunca, un gran señor».

Vivieron de recién casados en la 13 calle y 2ª avenida de la Zona 1, en una casa muy luminosa de dos plantas, con un patio rebosante de jazmines, geranios y azaleas, como recuerda la tía Uca.

En esa casa, que estaba muy cerca de la Facultad de Medicina, estrenaron muchos de estos muebles: este escritorio donde escribo; los sillones de leones de la sala de estar; la librería; la salita Luis XV de la entrada; el comedor entero; el reloj de péndulo, que fue regalo de bodas del bisabuelo...

Allí puso el abuelo su clínica privada. La prima Mercedes cuenta que tenía las paredes de la consulta decoradas con fotografías de los niños que atendía. Se las enviaban los padres, agradecidos.

Los abuelos fueron muy felices en su matrimonio y desde el principio se compenetraron estupendamente.

«Él tenía muy buen carácter —escribe la tía Uca—: era simpático, alegre, emprendedor. Era un hombre bueno, pero educado a la antigua. Entonces el hombre era el rey y señor de la casa, y se hacía todo lo que decía; y lo que decía era siempre la última palabra...

Sin embargo, no hubo problemas entre ellos, porque la quería mucho, y procuró mantenerla en su ambiente de siempre, muy agasajada, muy mimada por la suerte.

Es curioso: unas veces los caracteres distintos chocan; otras, se complementan: esto fue lo que pasó. Ella fue suavizándole las aristas, y puliendo poco a poco sus defectos. Porque él era dominante: estaba acostumbrado a mandar sin que nadie le rechistase, y ella fue dulcificándole, con una frase, con una mirada.

Y así poco a poco, Ernesto fue cambiando... y Clemencia también, porque maduró y se hizo mujer a su lado. Al principio, quizá, él la trató un poco como a una hija, con cierto sentimiento paternal y protector, y se esmeró en cuidarla, en protegerla, porque ella era la pura inocencia y él... ¡él venía bien *educadito* de su larga estancia en Europa, en París, donde había vivido una vida, sobria y decente sí, pero libre como los pájaros!

En aquellos tiempos de recién casados, le encantaba la vida social: ir a bailar y participar en saraos y reuniones, y alternar, y tomarse un traguito, pero nada más; y siempre junto con Clemencia.

Así fueron cambiando los dos: él se fue adaptando a ella, y ella a él. Eso es el matrimonio: ir cediendo, ir aprendiendo a amar al otro tal como es y no como desearíamos que fuera, ir ayudándose en todo lo bueno.

Y ellos dos tenían muchas cosas buenas que compartir: Clemencia era muy virtuosa, tenía un corazón grande y generoso: sabía perdonar, sabía olvidar; y eso es muy importante en el matrimonio. Supo apoyar a Ernesto en todo... ¿Qué hubiera sido de Ernesto, si en vez de encontrarse con una mujer que fue capaz de graduarse de Trabajadora Social para ayudarle mejor, se hubiese encontrado con una frívola que sólo pensara en sus caprichitos; o con una quisquillosa, o...?

Dicen que el amor no consiste en mirarse a los ojos, sino en saber mirar los dos en la misma dirección. Eso es lo que hizo Clemencia: aprendió a mirar hacia donde miraba él, y le amó amando lo que él amaba.

Ese carácter dominante de Ernesto tenía la otra cara de la moneda: su gran espíritu de superación. Y se lo contagió a Clemencia. Ella vio cómo al principio Ernesto no se expresaba muy bien; pero aprendió a hablar en público y se convirtió con el paso del tiempo en un gran parlamentario: era una delicia escuchar sus discursos.

Vio que dominaba el francés, y que no perdió nunca su amor por Francia, pero como necesitaba hablar inglés, se propuso aprenderlo y lo aprendió, aunque no tenía ni un minuto libre. Después del almuerzo, con el cansancio de toda una mañana de trabajo en el Hospital, llegaba el profesor a su casa. Me acuerdo de verle repetir frase tras frase, día tras día, muerto de fatiga y de sueño, hasta que dominó el idioma.

Y ella siguió sus pasos. Casada y con hijos, estudió, se especializó, le acompañó a congresos. Y todo lo hizo por amor: para estar a su lado, para ayudarle mejor.

Cuando se casó, él era un poco celoso. Es natural. Pero luego dejaba a Clemencia que viajara sola o con una amiga, con total confianza. Nunca tuvieron problemas.

Ella procuraba ayudar a todas las personas necesitadas con las que se encontraba. Él estaba más preocupado por dejarle a su familia un buen patrimonio, para que no tuvieran problemas económicos el día de mañana. Pensaba que se iba a morir antes que ella, y ahorraba todo lo que podía. Entonces no era muy dadivoso.

Pero fue cambiando. Por ella».

Fueron naciendo los tíos: el tío José Ernesto, el 28 de mayo de 1934; la tía Clemen, en diciembre de 1937; la tía Sofía, en 1943; y el tío Roberto, el 21 de septiembre de 1947. Cuenta la tía Uca que el abuelo dio a sus hijos la misma educación que había recibido, exigente y autoritaria, sin darse cuenta de que los tiempos habían cambiado. No era falta de cariño, sino un concepto desfasado de la educación.

«En eso, a mi parecer, se equivocó –opina la tía Uca–: pensó que sus hijos seguirían sus pasos, con la misma dedicación que su esposa; pensó que bastaba con todo lo que hacía por ellos: matarse trabajando para darles un buen colegio, una buena situación, un buen futuro...; y no se dio cuenta de que, más que lo que él pudiera darles, necesitaban estar con él.

Es un error muy común de entonces y de ahora: descargar en la mujer la educación de los hijos. Y los hijos, a ciertas edades, necesitan estar con el padre, y contarle sus problemas. Especialmente, durante la adolescencia: hay que llegar a tiempo... Y él no llegó».

Comprendo a la tía Uca: los padres tendemos a pensar que nunca hacemos bastante por los hijos. Cuando se presenta algún problema, decimos: «es culpa mía, no he llegado a tiempo». Y a veces olvidamos que nuestros hijos son también hijos de su época, de su colegio, de sus amigos, de su carácter (o de su mal carácter) de sus virtudes y de sus defectos.

Yo entonces no había nacido y sólo puedo decirles que mis hermanos le recuerdan como un hombre atareado, pero siempre pendiente de ellos. Cuenta el tío Roberto que «el tiempo que pasaba con nosotros era suficiente, porque su presencia siempre estaba allí».

La tía Clemen recuerda aquellos fines de semana en San Juan, donde les enseñaba a jugar al croquet y a montar a caballo. «A veces nos metíamos en la cama donde estaba acostado —escribe— y empezaba a jugar con nosotros. Nos decía que éramos unas polillas que nos estábamos comiendo un trozo de madera».

Bien. Ya tenemos al abuelo casado y padre de familia numerosa. Y ahora... ahora no tengo más remedio que despedirme de ustedes, porque esta carta ha sido demasiado larga.

Nos quedamos aquí, a comienzos de los años treinta.

Con todo cariño:

Papá

IV

Noviembre 1999

Queridos Jorge, Paola y Diego:

Nos habíamos quedado a comienzos de los años treinta, durante el gobierno de Ubico, un gobernante autoritario, muy controvertido, que hizo numerosas obras públicas. Escribe Luján que «no se pensó en hacer hospitales, escuelas, etcétera, sino en la construcción del Palacio de la Policía Nacional, el Palacio de Correos, la Aduana Central, la Terminal Aérea de la Aurora, y sobre todo el Palacio Nacional, la obra más ambiciosa y rimbombante, inaugurada en noviembre de 1943».

El Presidente supervisaba en persona cada proyecto. Disponía de una abundante mano de obra, en cierta medida gratuita, porque muchos albañiles eran los borrachos que caían en las redadas que se hacían en las cantinas los fines de semana, que pagaban la multa mediante días de trabajo.

Su gobierno tuvo muchas luces y sombras. Su decreto más conocido es el nº 1995, con el que liberó a los indígenas de una situación cercana a la esclavitud. Hasta entonces los «mozos colonos» vivían sujetos a sus patronos mediante unas deudas desproporcionadas que no podían pagar nunca. Era el llamado «peonaje por deuda».

Con ese decreto se declararon todas definitivamente saldadas. Se comprende que los indígenas le llamaran *Tata Presidente* cuando iba por los pueblos supervisando caminos, dirimiendo litigios de tierras y asumiendo muchas funciones, nobles en sí mismas, pero que no le correspondían en absoluto.

Ubico prohibió los sindicatos y las organizaciones obreras, y estableció «la ley de vialidad», que obligaba a los varones de entre 18 y 50 años a pagar dos quetzales anuales para el mantenimiento y construcción de las carreteras. Con esa ley se aseguraba de nuevo la mano de obra, porque los indígenas que no podían pagar conmutaban su deuda con días de trabajo.

Mientras tanto, el abuelo iba mejorando progresivamente en el campo espiritual. Se preocupó, por ejemplo, de que los tíos recibiesen formación cristiana, y los llevó a colegios dirigidos por religiosos. Era fruto de las enseñanzas de la bisabuela Clotilde y del buen ejemplo de mi mamá.

Yo no era una persona mala –me decía años después–, **pero mi trato con Dios se reducía en esa época a una religión social, de bodas y funerales.**

Los abuelos solían ir los domingos a Misa de doce en la Catedral, y cuentan que el abuelo llevaba confites en la bolsa para los numerosos niños de las familias a las que iba saludando, porque ¿quién no conocía en la Guatemala de aquellos años al doctor Cofiño?

A propósito de esto, me dijeron que un 28 de diciembre el tío Leonardo –el marido de la tía Uca–, le gastó una buena inocentada. Le había visto por la mañana en Misa re-colectando limosnas, y al mediodía le llamó por teléfono, enmascarando la voz:

–¿Doctor Cofiño? Le llamo de parte del Señor Arzo-bispo, con toda la pena y confidencialidad del mundo, pero tendría que presentarse de inmediato, porque las cuentas de la limosna no están cabales.

El abuelo, tras una primera reacción de asombro, dijo con fuerza:

–¿Cómo? **¡Yo nunca he tomado nada que no sea mío! ¡Voy a aclararlo de inmediato!**

Entonces escuchó en el teléfono las carcajadas del tío Leonardo...

Durante ese tiempo conoció a Piedad García – una mu-jer excepcional, de la que ya les hablaré en otra carta– que le presentó al párroco de la iglesia de San Sebastián, un sacerdote joven que tendría una influencia decisiva en su vida: el padre Mariano Rossell.

El padre Rossell –que me dio la Primera Comunión– era cinco años mayor que el abuelo: había nacido en Esqui-pulas en 1894 y se había ordenado sacerdote en 1918. Era un hombre alto y delgado, de ojos penetrantes, con mucho celo, que acompañó en el destierro al Arzobispo Muñoz y Capurón, cuando lo expulsaron de Guatemala en 1922.

Al cabo de un tiempo el Arzobispo le pidió que regre-sara al país, cosa nada sencilla, porque el gobierno había dado órdenes estrictas de impedirle la entrada. El padre Rossell se armó de valor, viajó hasta México y entró por Ayutlán en tren; con tan mala fortuna que nada más pasar la frontera descarriló el convoy. Entonces, sin temor a que le descubrieran, atendió a los heridos.

Logró escapar; pero las autoridades se enteraron de que había vuelto, y comenzaron a buscarlo por todas partes. Lo encontraron en Esquipulas, y se lo llevaron desde allí, a pie, hasta la cárcel de Chiquimula.

Años después, ya libre, se vino para Guate, y estuvo en varias parroquias. Fue entonces cuando tuteló a un pequeño huérfano, Mario Casariego, que había trabajado de limpiabotas.

El padre Rossell y el abuelo congeniaron enseguida, y además de su párroco, se convirtió en su paciente y en uno de sus mejores amigos. Y fue él quien... pero no adelantemos acontecimientos.

Y ya estamos en 1934, año en que nombraron al abuelo Director Médico de la Sociedad Protectora del Niño y del «Hospitalito». Dos años después, el 25 de junio de 1936, sacó la cátedra de Pediatría, y un mes más tarde, como se lee en su *curriculum,* sacó la cátedra de Puericultura. Fue el primer catedrático de Pediatría en Guatemala, y todos le conocen como el Padre de la Pediatría guatemalteca.

Mientras tanto, en el periodo comprendido entre 1934 y 1938, el Presidente Cárdenas llevó a cabo la expropiación petrolera de las compañías extranjeras que operaban en México; España se desangraba en una guerra civil; el Reich alemán se anexionaba países enteros; los japoneses declaraban la guerra a China...

Esta crisis internacional tuvo sus consecuencias en el país. El gobierno vigilaba estrechamente a los maestros, abogados y médicos; a los intelectuales en general, que consideraba posibles «focos de subversión» y «correas de transmisión de ideas del exterior».

El abuelo, que había padecido el régimen de Estrada y se había educado en el marco de libertades de París, no podía sentirse cómodo en aquel sistema político represivo que acabó militarizando en 1939 todas las escuelas secundarias. Unas tupidas redes de espionaje volvieron a controlar el telégrafo y la correspondencia de los guatemaltecos.

Actuó con prudencia, conforme a las circunstancias, pero sin servilismos de ningún tipo, procurando sacar adelante las iniciativas privadas que el régimen le permitió, aunque repudiase sus métodos autoritarios.

No se decantó por ningún régimen ni partido político. Y no por desinterés hacia las cuestiones sociales: al contrario. Su actitud, profundamente social, obedecía a una razón de peso: consideraba que, en una sociedad tan conflictiva y radicalizada como aquélla, debía estar siempre, como médico, con los brazos abiertos a todos.

El 10 de enero de 1939 ganó por oposición la plaza de Jefe de Servicio del Hospital de San Juan de Dios. Su llegada produjo cierta conmoción, porque en aquel hospital había jefes de Servicio que llegaban a las once de la mañana y se ponían a pasear... El abuelo se presentaba a las seis y media en punto y exigía al personal que cumpliera el horario establecido. ¡Vaya cambio! Cuenta un colega suyo que aquellas medidas resultaron *dramáticas* para más de uno.

Como escribe Gustavo González, «exigía atención total a lo que se estaba haciendo en ese momento; la seriedad y la responsabilidad de quien no quiere jugar con una vida humana. No importaba que se tratara de una niña moribunda traída de San Juan Chamelco o de San Luis las Carretas, o de un niño de la ciudad capital y de apellido distinguido. Exigía que se diera a todos la atención debida en la administración de las medicinas precisas, en la dosis y en el momento preciso; la alimentación prescrita y la observación para seguir el curso de la enfermedad».

Poco tiempo después, el 26 de abril de 1939, su gran amigo Mariano Rossell fue ordenado obispo de Guatemala. Para el abuelo supuso una profunda alegría y le siguió ayudando en sus empeños.

Del siguiente periodo, la década de los 40, tengo pocos datos, especialmente de los años 1940 a 1946. Fue una época en la que el mundo entero dio un giro dramático. Estalló la Segunda Guerra Mundial, presentida y anunciada por muchos. El abuelo trabajaba entonces como Director Médico de la Sociedad Protectora del Niño y era un médico reconocido en la sociedad guatemalteca, con una influencia creciente en los ambientes universitarios.

Se propuso dar una respuesta a los problemas sanitarios, que estaban ligados a profundas deficiencias culturales. La mayoría de las mujeres indígenas eran analfabetas; y en las escuelas aplicaban un método de enseñanza memorístico, inapropiado a su mentalidad, acostumbrada a «aprender haciendo». (Ahora, se está llegando al otro extremo: les hacen aprender muy pocas cosas de memoria, cuando la memoria hay que ejercitarla, porque es un instrumento importantísimo). Pero sigamos con lo nuestro.

El índice de mortalidad, tanto general como infantil, era muy elevado. Persistía el viejo problema de la distribución de la tierra. La producción nacional seguía concentrada en las bananas y el café, con una fuerte dependencia del capital extranjero.

Esto puso al régimen en una situación paradójica cuando se desencadenó la II Guerra Mundial, porque el Presidente simpatizaba con la ideología del gobierno alemán, que era uno de los principales exportadores de nuestro café; y los cafetaleros alemanes constituían uno de los grupos más poderosos del país. Por otra parte, Ubico estaba comprometido con los intereses económicos y políticos de Estados Unidos.

Al fin, estos intereses se impusieron y el gobierno de Guatemala fue uno de los primeros en apoyar a los EE.UU. tras el ataque japonés de Pearl Harbor. El 8 de diciembre de 1941 declaró la guerra a Japón y el 11 de diciembre, a Italia y Alemania.

El abuelo, hombre de paz, sufría al pensar en la vieja Europa, que conocía de nuevo los desastres de la guerra. Hitler se paseaba por los Campos Elíseos y las tropas alemanas ocupaban París.

¿Qué habría sido de su maestro Robert Debré, tan patriota, y de sus compañeros de hospital?

El año 1942 vino cargado de alegrías y tristezas. El 6 de agosto hubo una temblorera que afectó al Hospital de niños. Un sacerdote apóstata denigraba públicamente a Mons. Rossell y la prensa anticatólica aprovechó la ocasión para atacar a la Iglesia.

Pero no hubo sólo desventuras. El 5 de septiembre comenzó uno de los proyectos más entrañables de su vida:

la Colonia Infantil de San Juan Sacatepéquez, auspiciada por el Club de Leones, donde trabajó durante catorce años.

En 1944 residió en Estados Unidos, durante el curso, invitado por el Departamento de Estado, para conocer los últimos avances mundiales en la protección de la infancia. No tengo más datos sobre este viaje que su participación en el Congreso Internacional de Pediatría de Nueva York y su estancia en tres universidades prestigiosas, en las que trabajó junto a los *números uno* de su especialidad.

Estuvo en Duke University, como asistente extranjero, con el profesor W. Davidson; en Minneápolis University, con el profesor Irving Mc'Querie; y en la famosa Clínica Mayo, con el profesor Helmholz.

Regresó en 1945. El doctor de la Riva, que era entonces un joven médico interno, contaba que cuando algunos médicos residentes se enteraron, pidieron que los cambiaran de Servicio, porque «el doctor Cofiño –decían– era muy estricto».

No les faltaba razón: el abuelo no toleraba la falta de puntualidad, ni la mediocridad, ni la desgana, ni las cosas acabadas de cualquier modo. No era un perfeccionista: trataba sólo de hacer su trabajo lo mejor posible. Se exigía mucho a sí mismo y exigía mucho a sus colaboradores.

En esto, como en tantas otras cosas, seguía los pasos de su maestro Debré: estudiaba con rigor cada historia clínica; consultaba a los especialistas correspondientes; examinaba a los niños con detenimiento. De la Riva le recuerda como un Director médico «muy sensible y dispuesto siempre a ayudar a los demás. A su lado se respiraba Ciencia al estilo francés».

Yo no sé qué entenderá de la Riva por «Ciencia al estilo francés», pero miren: yo soy profesor de universidad, y les aseguro que no es fácil hacer lo que hizo: empezar desde cero en su campo profesional y acabar cambiando toda una mentalidad; crear una escuela; formar discípulos; dirigir varias líneas de investigación; estar al tanto de las publicaciones y avances más modernos; y dar a sus alumnos una enseñanza actualizada y práctica.

Logró estos objetivos gracias a su preparación científica, a su inteligencia y laboriosidad; y le ayudó grandemente su natural simpatía, su don de gentes y sus excepcionales dotes organizativas.

Mientras el abuelo estaba en EE.UU., el 21 de junio de 1944 tuvo lugar en Guatemala una gran revuelta estudiantil contra el gobierno, que detentaba el poder desde hacía trece años.

Al día siguiente, un grupo de ciudadanos le hicieron llegar al Presidente el famoso *Memorial de los 311*, en el que solicitaban «el restablecimiento de las garantías suspendidas, para que el pueblo pueda gozar, sin demora, de la plenitud de sus derechos constitucionales». El domingo 25 hubo otras dos manifestaciones, sofocadas brutalmente por la caballería.

Hubo muertos y heridos; y en vista de la situación, Ubico presentó su renuncia; pero en vez de hacerlo ante la Asamblea, entregó el poder a sus partidarios, que formaron un triunvirato militar compuesto por Ponce, Villagrán y Piñeda.

Regresaron los exiliados y se crearon numerosos partidos políticos con diversos candidatos: Recinos, Arévalo, Ponce...

Se fijó la elección del nuevo Presidente en medio de un clima electoral muy agitado, para los días 17, 18 y 19 de diciembre. El 1 de octubre asesinaron al director de *El Imparcial* y veinte días después se levantó un grupo de militares y civiles, que se hizo con el poder tras un combate sangriento.

A continuación se instauró una Junta Revolucionaria, formada por el civil Torriello y los militares Arana y Arbenz.

El abuelo seguía desarrollando un amplísimo trabajo profesional. Era miembro Honorario de la Northwest Pediatric Society; Director de la Lucha Nacional contra la Tuberculosis durante los años 1945 y 1946; Delegado de Guatemala para el Instituto Interamericano del Niño, durante diez años; socio fundador y Primer Presidente de la Asociación Pediátrica de Guatemala, y participante habitual en numerosos congresos internacionales, en San José, Tegucigalpa, Managua, Atlantic City, Nueva York, La Habana, Monterrey, Nancy...

Trabajaba además en la reorganización del Hospital antituberculoso de San Vicente, inaugurado en abril de 1943 con capacidad para cincuenta enfermos, y que gracias a su trabajo había triplicado el número de pacientes. En ese hospital, como evocaba Clemente Marroquín, un viejo compañero de instituto, el abuelo tuvo una intervención decisiva.

«El hospital de San Vicente, como se sabe, está destinado exclusivamente para los tísicos o tuberculosos, como se llama ahora a las víctimas de la fiebre blanca. Ese no era un hospital sino un antro temible, según nos hemos podido informar. Había ahí pacientes que estaban en apartados que parecían calabozos, lo cual naturalmente, aceleraba la muerte de enfermos que necesitaban, más que medicinas, aire, alimentos y reposo. (...) Pues bien, el doctor Cofiño que es activo, emprendedor y sobre todo competente, le dio nueva vida al hospital.

Sacó de los calabozos a los enfermos y comenzó a alimentarlos, a distraerlos, a hacerles más grata la vida. Creó salas para niños tuberculosos; instaló muchos servicios nuevos; pocos años después *Nuestro Diario* afirmó que este sanatorio se lo debía *casi todo*».

Pueden imaginarse la alegría del abuelo cuando supo que las fuerzas aliadas habían liberado París. (Se enteró por la radio y el periódico, naturalmente: ¡entonces no había televisión!)

Alejandro Deutschmann, que tenía unos quince años, recuerda el día en que el abuelo, que era muy amigo de su familia, llegó a su casa con un paquete envuelto en papel de regalo y le dijo:

—**Dile a tu papá que baje y lo veo en el comedor.**

Bajaron los papás de Alejandro (muy vinculados con Francia, porque su mamá había estudiado allí y su papá tenía formación francesa) y llegaron también Jorge Herrera y Humberto Garabito.

Entonces el abuelo desenvolvió el paquete con gran solemnidad. Era una botella de vino francés, regalo del padre de un niño al que había salvado la vida.

79

Llenó las copas y brindaron, llenos de alegría, por la liberación de París.

–**Vive la France!**

–Vive la France!

Ese amor por Francia y la cultura francesa presidió su vida entera, que había llegado a un año decisivo: 1946.

Pero eso, si les parece, lo dejamos para la próxima carta. Con todo cariño:

Papá

V

7 de diciembre de 1999

Queridos Jorge, Paola y Diego:

Acabo de leer el mensaje que ha dirigido el Papa a los participantes en la Jornada Mundial de la Paz que se celebrará el próximo 1 de enero. Me ha impresionado tanto que he decidido copiar algunos párrafos, porque reflejan el mundo en que vivió el abuelo.

«Durante el siglo que dejamos atrás la humanidad ha sido duramente probada por una interminable y horrenda serie de guerras, conflictos, genocidios, limpiezas étnicas, que han causado indescriptibles sufrimientos: millones y millones de víctimas, familias y países destruidos; multitudes de prófugos, miseria, hambre, enfermedades, subdesarrollo y pérdida de ingentes recursos.

En la raíz de tanto sufrimiento hay una lógica de violencia, alimentada por el deseo de dominar y de explotar a los demás, por ideologías de poder o de totalitarismo utópico, por nacionalismos exacerbados o antiguos odios tribales.

A veces, a la violencia brutal y sistemática, orientada hacia el sometimiento o incluso el exterminio total de regiones y pueblos enteros, ha sido necesario oponer una resistencia armada».

Estas palabras son una síntesis, dramática y verdadera, de la historia del siglo XX que estamos a punto de finalizar.

En Guatemala hemos estado casi un tercio del siglo en situación de guerra. Décadas y décadas terribles de violencia y más violencia. Guerrillas, secuestros, fosas comunes, refugiados, asesinatos de miles de inocentes...

El mensaje del abuelo, que sufrió muchísimo a causa de la violencia, fue siempre de concordia y paz. Pero no se quedó ahí: mientras otros destruían, él se dedicó a construir la paz y el progreso con todas sus fuerzas, a favorecer el desarrollo humano, social y espiritual de su país. Puso en marcha numerosas iniciativas en bien del pueblo guatemalteco, especialmente de los más desfavorecidos, porque sabía que el desarrollo, como decía Pablo VI, «es el nuevo nombre de la paz».

«El siglo XX –continúa el Papa– nos deja en herencia, sobre todo, una advertencia: unas guerras a menudo son causa de otras, ya que alimentan odios profundos, crean situaciones de injusticia y ofenden la dignidad y los derechos de las personas.

En general, además de ser extraordinariamente dañinas, no resuelven los problemas que las originan y, por tanto, resultan inútiles. Con la guerra, la humanidad es la que pierde.

Sólo desde la paz y con la paz se puede garantizar el respeto de la dignidad de la persona humana y de sus derechos inalienables».

Prosigo narrándoles la vida del abuelo. Cuando terminó la II Guerra Mundial supo que su maestro Robert Debré seguía vivo, tras participar activamente en la Resistencia. Pero algunos de sus antiguos compañeros habían tenido menos suerte: unos habían sido asesinados y otros, torturados o deportados.

He querido fechar esta carta hoy, 7 de diciembre, en recuerdo de aquel 7 de diciembre de 1946, día en que se hizo realidad uno de sus grandes sueños: la Unidad Asistencial de San Juan Sacatepéquez, una colonia infantil para niños tuberculosos. Estoy convencido de que eligió esa fecha por ser víspera de la Purísima.

En la actualidad, el concepto de Colonia Infantil está ya superado; pero en aquellos años supuso un paso adelante en la lucha contra la tuberculosis. Y sus esfuerzos fueron reconocidos: la Sociedad Protectora del Niño le impuso en 1946 una prestigiosa condecoración: la Insignia de Esmalte.

Entonces esa Colonia Infantil era una necesidad urgente. Miles de niños, indígenas en su mayoría, crecían entre grandes carencias materiales y sanitarias. No había antibióticos y cuando enfermaban, morían, como dice de la Riva, en un «ciento por ciento».

Al comienzo la Colonia disponía sólo de un servicio de consulta, de emergencia, hospitalización, maternidad, de un aparato de Rayos X y un laboratorio. Luego fue modernizándose, gracias al abuelo, que se esforzó por llevar hasta aquel lugar apartado los últimos adelantos de la Medicina.

Escribía el doctor Hurtado: «Debe ser motivo de orgullo para la Unidad y para San Juan Sacatepéquez el hecho de que es el primer medio rural en toda la República en donde se lleva a cabo el intento de vacunación rural masiva contra la tuberculosis por medio de la BCG, la «Vacuna de Calmette y Guérin».

Los niños tuberculosos solían pasar en la Colonia un periodo de convalecencia bajo la dirección atenta del abuelo. La directora era su amiga Piedad García, que trabajaba con un equipo de médicos y enfermeras.

Recordarán ese nombre: Piedad García fue la que puso al abuelo en relación con Mons. Rossell; y ella fue **el alma y vida** de la Colonia, con su dedicación y su entrega.

El abuelo la retrata como **una gran dama. Corazón que brindaba a cada chico alientos amorosos de madre; era como el ángel de cada uno de ellos y éstos le debían más que las medicinas.**

¡Cuánto espíritu ponía en las celebraciones navideñas y en la Semana Santa! Todos nos sentíamos emocionados al gozar con los cuadros vivos que ella sabía ordenar con especial delicadeza.

«La Unidad Asistencial de San Juan –afirmaba *El Imparcial*– nació al calor de su cariño, preciosa institución que da muestra de lo que puede hacer la iniciativa privada conjuntamente con el Estado y que ufanamente podemos presentar como modelo a todos los pueblos de la República».

Me emociona leer lo que escribió el abuelo sobre «La Enfermedad del Hambre», que era la causante de la enfermedad de muchos de esos niños. Decía que el hambre era el problema número uno de Centroamérica, y que esos niños tenían dos tipos de hambre: hambre de pan y hambre de cariño.

Puso los medios a su alcance para que esos patojitos disfrutaran de un clima agradable, de una comida sana y del cuidado amoroso de las enfermeras. Para un niño enfermo, decía, el cariño es algo decisivo. Y él lo daba y lo repartía a manos llenas. Recuerdo una anécdota muy expresiva: durante las Navidades organizaba una fiesta de Reyes para esos niños y se disfrazaba de Papá Noel para llevarles los regalos. Era mucho más que un médico. Mejor dicho: era un médico en el sentido más profundo del término.

Contaba el doctor de la Riva que los niños llegaban a la Colonia esqueléticos y desnutridos, con los cuerpecitos carcomidos por la enfermedad. Ponían los medios a su alcance, y cuando ya no podían hacer nada por un niño, lo enviaban al Hospital General, diciéndole a sor Matilde, la religiosa que les ayudaba: «ese niño es un pollito», dándole a entender que había que concederle todos los caprichos, porque estaba a punto de fallecer...

El abuelo se desvivía por salvar la vida de aquellos chiquitos; y cuando no lo conseguía, iba con los que le ayudaban a la sala de autopsias para ver si las exploraciones que habían hecho eran acertadas.

La familia, la enseñanza, los hospitales... Y se preguntarán ustedes: ¿cómo lograba llegar a tanto?

Pienso que lo conseguía, en primer lugar, porque aprovechaba muy bien el tiempo; y luego porque dedicaba a esa tarea hasta sus horas de descanso.

Todos los sábados por la mañana, después de una larga semana de trabajo en la clínica y en la universidad, se iba con la abuela y los tíos, a Santa Clotilde, una casita que tenían en San Juan, cerca de la Colonia y la Unidad Asistencial. El domingo se levantaba temprano, iba a Misa a la parroquia, y pasaba visita a los niños de la Colonia. Por la tarde, después de descansar con la familia en Santa Clotilde, retornaban a Guate.

Y así, un fin de semana, y otro. Eso explica lo que he oído decir tantas veces: que en esa zona todos los indígenas conocían al doctor Cofiño.

Compaginaba la atención a su familia con el cuidado de esos niños. Recuerdan los tíos que los viajes hasta allá eran muy divertidos: la tía Sofía, que era muy chiquita entonces, siempre cuenta que el abuelo les compraba un helado a cada uno y hacían concursos para ver quién se tardaba más tiempo chupando el helado...

Les decía antes que era muy exigente con sus ayudantes. Es comprensible: debe ser muy duro contemplar, día tras día, como se te muere un niño, y otro, y otro... sin poder hacer nada tantas veces desde el punto de vista médico, porque la medicina no estaba tan avanzada como ahora.

Es lógico que desease trabajar con la mayor perfección posible, y que en alguna ocasión, al advertir un error o una negligencia grave, reprendiese a sus colaboradores con firmeza.

Afortunadamente la abuela calmaba aquellos ímpetus –llamémoslos por su nombre, violencias, decía el abuelo con humildad años más tarde– y *después de la tormenta* invitaba a sus colaboradores a comer a Santa Clotilde.

De ese modo fue logrando, con su trato dulce y comprensivo, que esos ayudantes no se distanciaran del abuelo. En esto, como en tantos otros aspectos, supo estar al lado del abuelo, ayudándole de forma discreta y prudente, sin que se notase.

El abuelo hizo un gran trabajo médico y científico en la Unidad Asistencial y en la Colonia Infantil. En 1955, cuando se fue, dejó un archivo con seis mil radiografías y más de mil observaciones clínicas, clasificadas y anotadas minuciosamente con su caligrafía de trazos firmes y seguros; con una letra casi indescifrable, como le sucede a tantos médicos.

¿Por qué dejó la Colonia? Es una historia dolorosa, en la que no quiero detenerme demasiado. Algunas personas de la Junta Directiva del Club de Leones, de la que dependía la Colonia Infantil, le acusaron nada menos que de malversación de fondos... ¡por cobrar por su trabajo una cantidad tan pequeña que ni siquiera le llegaba para reparar las averías del carro por aquellas malísimas carreteras!

¡Malversación de fondos! Decían que no debía cobrar nada, porque los Leones solamente trabajan *ad honorem*. Pero es evidente que no es lo mismo emplear una hora al mes en una Junta directiva, que dedicar todos los fines de semana a una tarea profesional, como hacía él.

De hecho, comenzó a trabajar en mayo de 1942 y recibió su primer sueldo, muy exiguo, ocho años después, en diciembre de 1950.

Explicaba el abuelo:

Manejar la Colonia Infantil desde el punto de vista médico requiere no solamente mucho tiempo, sino mucha experiencia y una constante dedicación.

No es ecuánime querer equiparar una función directiva (como la que corresponde a la Directiva del Club de Leones o a la Directiva de la Colonia) con la función técnica, en la cual los servicios que se prestan no son como miembro del Club de Leones, sino como un profesional, de carácter técnico.

No es justo aceptar que una persona durante años (más de 10 años) trabaje sin renumeración alguna, dedi-

87

que sus únicos días de descanso a la atención de la Colonia: y fuera de esto dedique tiempo durante la semana a la atención del dispensario, para el entrenamiento del personal médico, para la resolución de muchos asuntos que a cada instante se presentan.

Pasaron los años y en 1976 la Junta Directiva del Club de Leones revisó el caso y aclaró aquel triste suceso, lamentando aquella decisión que afectó profundamente a algunos colaboradores del abuelo, como Piedad García, que sufrió un ataque al corazón que la dejó postrada en cama durante 14 años. Sus alumnos dejaron también la Colonia. A algunos les ofrecieron ocupar su puesto, con un sueldo tentador, pero ninguno de ellos quiso aceptar.

«La actual Junta Directiva, consciente de las razones que motivaron su renuncia, lamenta profundamente el penoso incidente acaecido... Lamentablemente –escribía Jaime Briz Sandoval, Presidente del Club de Leones– en tiempos pasados y presentes, existió y existirá Justicia e injusticia. Estamos seguros que ninguno de nosotros habría tomado esa decisión».

De estas cosas yo sólo tenía una idea vaga hasta hace poco, porque el abuelo no solía hablar de esto; sabía perdonar y olvidar. Ahora me he documentado mejor. Pero no quiero darles nombres, para que nunca guarden rencor a nadie; ni siquiera un resquemor: hay que perdonar todo y a todos, y de todo corazón. Dios quiera que sigan siempre el ejemplo del abuelo, que años después invitó a Ciudad Vieja al que había sido su principal detractor, como muestra de cariño y de perdón.

Los padecimientos de aquellos niños tuberculosos, unidos las incomprensiones y las injusticias, fueron purificando su corazón. Descubrió en aquellos rostros infantiles, traspasados por el dolor, el rostro sufriente de Jesús Crucificado; y una llama de fuego, de caridad, fue convirtiendo en cenizas la autosuficiencia de su juventud. Se hizo más humilde y paciente; más comprensivo y generoso. Y comenzó a sentir, de un modo impetuoso, la necesidad de amar a Dios con toda el alma. Hay una anécdota que revela esa progresiva transformación. La tía Uca, que trabajó durante cuatro años en su consulta, desde 1948 a 1952, cuenta que un día se presentó una mujer con un niño agonizante en brazos.

–¡Rápido! –dijo el abuelo– **Hay que hacerle enseguida una transfusión de sangre!**

La primera transfusión de sangre en Guatemala se había hecho pocos años antes, el 4 de enero de 1942, y era todavía algo muy costoso.

–Ellos no tienen dinero –dijo la tía Uca– ni para transfusión ni para nada.

– ¡No importa! –dijo el abuelo–. **Lo que hay que ver es de dónde sacamos la sangre.**

–Yo tengo cero universal– dijo la tía Uca.

Fueron rápidamente al laboratorio y el abuelo comenzó a darle piquetazos en las venas. No atinaba, y cada segundo que pasaba peligraba la vida del niño. Al fin dieron con una persona con el tipo de sangre adecuado; le hizo la transfusión y salvó la vida de aquel niño, sin cobrar un centavo.

En 1949 estuvo de nuevo en Europa, junto con mi mamá, que deseaba conocer Francia, ¿y quien no? ¡Habían hablado tantas veces de París! Fue el único viaje a Europa que hicieron, y eso que por su posición social se hubiesen podido permitir ese viaje y muchos más.

Pero no piensen que fue un viaje de placer. Asistieron al Curso de Pediatría Social que organizó en París el Centro Internacional de Protección a la Infancia. El abuelo fue como presidente del Comité de Guatemala; y la abuela, que preparaba su graduación como Trabajadora social, estaba muy interesada profesionalmente en esos temas. Les acompañaba el doctor Vassaux.

Durante ese curso, que duró seis meses, visitaron muchos centros socio-asistenciales de Francia y los Países Bajos. Establecieron contacto con especialistas del mundo entero: búlgaros, chinos, griegos, finlandeses, polacos, etc.

¿Recuerdan las peliculitas de 8 mm que a veces ponemos en casa, con esa máquina antediluviana, que me sorprende que siga funcionando? Las grabó el abuelo a lo largo de ese viaje y la única protagonista es la abuela.

El abuelo la filmó muchas veces: en Francia, en Bélgica, en Sololá, junto el lago Atitlán, con el volcán al fondo; paseando junto a una rosaleda; asomada a un balcón, en Santa Clotilde... Le gustaba tomar primeros planos de su rostro, especialmente de sus ojos. Esas cintas muestran lo enamorado que estaba de ella.

Ese viaje fue muy importante para Guatemala, porque los abuelos se trajeron del Instituto de París la vacuna antituberculosa BCG, con la que se salvaron miles de vidas.

El país, mientras tanto, seguía sin resolver algunas cuestiones acuciantes. En 1950 la tasa de analfabetismo era del 70 por ciento, una de las más altas de América Central y del Sur; y la Sanidad se enfrentaba con retos formidables. No se había creado todavía un Ministerio de Sanidad propiamente dicho y las pocas enfermeras que había trabajaban sin medios, con salarios muy bajos, y en una estructura integrada en buena parte dentro del ejército.

Este dato indica hasta qué punto estaban politizados determinados sectores de la vida del país. El abuelo seguía actuando dentro del escaso margen de independencia que le permitía el Régimen. Relata Gustavo González:

«El que no pertenecía a un sindicato y a un partido oficialmente reconocido, pasaba a ser un ciudadano de segunda categoría. Si desempeñaba algún cargo público, sabía que podía ser destituido de la noche a la mañana por el expediente fácil del anónimo: 'por orden superior'.

»Ernesto rehusaba adscribirse a un sindicato o a un partido político. No iba con su manera de ser y de actuar. Era un científico, un investigador. Buscaba hacer el bien sin distinguir entre enfermos o niños de derecha o de izquierda, comunistas o anticomunistas.

»Sabiendo este modo de proceder de su Director y adelantándose a lo que podía pasar, los enfermos del Sanatorio Antituberculoso San Vicente, publicaron el 7 de febrero de ese año 49, en el diario oficial, una carta en la que reconocían y alababan la labor del Doctor Ernesto Cofiño en el Sanatorio, y la prosperidad de la Colonia Infantil en San Juan Sacatepéquez.

»Pocos días después, el 26, eran restringidas las garantías en los Departamentos de Izabal y Escuintla por los conflictos obrero-patronales. En el Congreso de la República los frentes se definen en abierta beligerancia política. A finales de marzo el gobierno enfrenta un complot más. Abril y mayo son meses de manifestaciones antigobiernistas que son disueltas a palos y con lacrimógenas».

La situación social se fue agravando hasta que el 18 de junio de 1949 el coronel Arana, hombre fuerte del gobierno de Arévalo y Jefe de las Fuerzas Armadas, fue asesinado cuando regresaba del lago Amatitlán. Comenzó una nueva fase revolucionaria y el 25 de junio se suspendieron las garantías constitucionales.

Entre otras revueltas, hubo una manifestación de protesta por el asesinato de Arana. La policía disolvió a los manifestantes a balazos, y hubo muchos heridos, entre los que estaba Alejandro Deutschmann, que tenía entonces unos veinte años.

Cuando se lo dijeron al abuelo, que estaba de viaje en el extranjero, regresó lo antes posible y se dirigió directamente al hospital desde el aeropuerto para ver a Alejandro.

–**Estás mal... muy mal** –le dijo–. **Pero saldrás adelante. ¡Debes vivir!**

Y se fue enseguida a visitar a sus padres, para animarlos.

Alejandro no ha olvidado nunca aquella mirada, llena de confianza y de energía, ni aquellas palabras que le infundieron una profunda serenidad: **¡Debes vivir!**

Durante el mes de octubre de 1949 se sucedieron las tormentas y las lluvias torrenciales. En la Colonia Infantil se notaron los efectos del temporal, aunque gracias a Dios no hubo víctimas, como en otros Departamentos.

En lo político se desencadenó otro temporal, con ataques a la libertad de prensa, periodistas expulsados, huelgas de trabajadores y un clima de gran crispación social del que les hablaré en mi próxima carta.

Como ven, ésa fue la constante del siglo que ahora termina: violencia y más violencia. El siglo XX fue un siglo de injusticia y de pobreza para gran parte de nuestro pueblo, que conoció numerosas represiones, asesinatos y masacres sangrientas; y al mismo tiempo fue una centuria de grandes conquistas sociales y humanas, de logros médicos portentosos y de profundos avances espirituales.

Termino esta carta con una cita de ese Mensaje que tanto me ha impresionado. El Papa recuerda que durante el siglo XX hubo millares de personas que fueron testigos de Cristo, y los denomina «honor de la humanidad».

«Frente al escenario de guerra del siglo XX el honor de la humanidad ha sido salvado por los que han hablado y trabajado en nombre de la paz.

Es un deber recordar a los que, en un gran número, han contribuido a la afirmación de los derechos humanos y a su solemne proclamación, a la derrota de los totalitarismos (...)

Ejemplos luminosos y proféticos nos han dado quienes han orientado sus opciones de vida hacia el valor de la no–violencia. Su testimonio de coherencia y fidelidad, llevado incluso hasta el martirio, ha escrito extraordinarias páginas ricas de enseñanzas.

Entre aquellos que han trabajado en nombre de la paz, no hay que olvidar a los hombres y mujeres cuya dedicación ha hecho posible grandes progresos en todos los campos de la ciencia y de la técnica, logrando vencer graves enfermedades y mejorando y prolongando la vida».

Mientras leía esas líneas pensaba en el abuelo, que trabajó siempre en nombre de la paz. Hasta pronto:

Papá

VI

Navidades de 1999

Queridos Jorge, Paola y Diego:

Tengo entre mis manos una larga *Memoria,* escrita por el abuelo, que comienza así:

Por Acuerdo Gubernativo del 12 de Julio de 1951 fui nombrado Director del Centro Educativo Asistencial, puesto que me correspondió asumir en condiciones muy anormales, debido al desbordamiento de pasiones y a la agitación, consecuencia de medidas festinadas, que alejándose de conceptos asistenciales, técnicos y sociales, se habían dejado impresionar por acciones de orden sectario y político.

Para explicarles este periodo debo situarles primero en el marco histórico concreto.

A mediados de lo que muy pronto vamos a llamar, por raro que nos suene, «el siglo pasado», tras las elecciones del 10 al 12 de noviembre de 1950, salió elegido Presidente Jacobo Arbenz, en medio de una situación social muy agitada.

El abuelo conocía a los Arbenz –Jacobo, su esposa María y sus hijos– desde hacía tiempo, por razones ajenas a la

95

política: habían sido sus inquilinos años atrás, y vivieron durante una temporada en la segunda planta de la primera casa que tuvo el abuelo; en esa casa con patio que estaba frente a la Universidad.

Arbenz subió al poder en un periodo particularmente conflictivo de la historia de Guatemala y del mundo, que estaba dividido en dos grandes bloques, dominados por las llamadas *superpotencias*: Rusia y Estados Unidos. Este periodo se llamó de «Guerra Fría».

Cada bloque –rusos y americanos– tenía sus propios intereses y un fortísimo aparato de propaganda. Ahora para ustedes esto es sólo el argumento de las películas antiguas, pero en la vida cotidiana de este país produjo una radicalización de las actitudes en las valoraciones políticas.

En las conversaciones habituales prevalecían los blancos y los negros sobre los grises, y se llegaba con facilidad a simplismos absurdos: por ejemplo, como el Arzobispo no era comunista, algunos decían que *tenía que ser, necesariamente, de la CIA*. Y al revés: ¿una persona denunciaba injusticias o promovía los cambios sociales? En ese caso, *tenía que ser, necesariamente, un comunista*.

O se era de la CIA o se era comunista, no había vuelta de hoja. Si tienen presente este clima emocional, comprenderán mejor lo que viene a continuación.

Al mismo tiempo, durante esa época, los regímenes comunistas de algunos países europeos, asiáticos, africanos y americanos estaban llevando a cabo –y en esto Guatemala no fue una excepción– una serie de campañas en contra de la Iglesia.

Hungría, Polonia, Checoslovaquia, Lituania... Miles de sacerdotes y laicos fueron ejecutados, encarcelados o deportados por el puro hecho de serlo; cientos de iglesias y escuelas cristianas, fueron cerradas o dedicadas a otros usos y fines. Nació en el Este de Europa la llamada «Iglesia del Silencio». Nada nuevo, por desgracia, para la Iglesia en Guatemala, que se reponía lentamente de la enconada política anticatólica de los gobiernos liberales del siglo XIX.

El abuelo, que no era partidario de posturas extremas, seguía atendiendo a todo tipo de personas, sin hacer distinciones de color de piel, o de ideología, y sin ligarse a ninguna corriente o partido político concreto.

Poco más de medio año después de la llegada de Arbenz al poder, en julio de 1951, las autoridades destituyeron al director del Centro Educativo Asistencial (CEA), como llamaban al antiguo Hospicio Nacional de Guatemala (en cuya iglesia, precisamente, se habían casado los abuelos).

A continuación, nombraron a un director que quiso obligar a los empleados del centro a sindicalizarse. Ochenta empleados se negaron y fueron despedidos.

Este director propuso, además, que se llevaran a las Hijas de la Caridad, que atendían el CEA desde hacía muchos años, al Hospital de Mazatenango. Esa Congregación, como recuerdan, era la única que no había sido expulsada de Guatemala en el siglo diecinueve, cuando expulsaron del país a todos los sacerdotes y religiosos.

Estas medidas provocaron la indignación de sectores sociales muy variados. Para algunas locatarias del mercado era dejar a sus hijos sin escuela. El Hospicio era una especie de cárcel en la que recluían, en principio, a los patojos abandonados; pero la realidad era muy distinta: no todos eran huérfanos: muchos de ellos eran hijos de vendedoras, locatarias del Mercado y de personas sin medios económicos.

Vivían allí unos setecientos muchachos. La mayoría permanecían en el CEA hasta los dieciocho años. Al cumplir esa edad los dejaban en la calle, habitualmente sin trabajo, por lo que muchos acababan en la delincuencia. Sólo las Hijas de la Caridad y un grupo de señoras caritativas ponían un punto de humanidad en aquel lugar.

La situación del Hospicio era fruto de una larga serie de deficiencias. **Durante muchos años** –escribía el abuelo– **la iniciativa privada desempeñó un papel de primer orden en la administración, desarrollo y progreso del Hospicio Nacional (...) hasta que el Estado lo tomó completamente a su cargo, con lo que el director quedó en categoría de un simple funcionario cuyas atribuciones se fueron limitando paulatinamente, hasta quedar reducido a un común y corriente administrador.**

Es evidente que al desaparecer la iniciativa privada en función caritativa, el director perdió la posibilidad de obtener la ayuda material, la colaboración económica o de trabajo, en fin, todos esos factores que antes permitían salvar con eficiencia las reducidas finanzas del Centro y lograr la directa cooperación de un personal idóneo, cuya ausencia se nota muy claramente en la actualidad.

El intento de trasladar a las monjas fue la gota –real o táctica– que colmó el vaso. Cuando los hospicianos supieron que el nuevo director intentaba llevárselas, se rebelaron contra él y se declararon en huelga. El 10 de julio de 1951 por la mañana cerraron todas las puertas de entrada, y se apostaron allí, sin dejarle salir.

Los que acusaban a Arbenz de comunista, por contar con algunos comunistas en su gobierno y llevar a cabo una controvertida reforma agraria, encontraron su ocasión de oro; y pocas horas después, hacia las dos de la tarde, un grupo de alborotadores se concentró junto a las puertas del Hospicio dando gritos contra el Presidente.

Comenzó a llover. Llegó la Guardia Civil, que abrió las puertas para que saliese el director del Hospicio. En cuanto le vieron, los manifestantes –unos mil quinientos, según cierta prensa– comenzaron a agredirle, dando gritos de *muera el comunismo* y pidiendo su dimisión.

Hubo tanto alboroto que Mons. Rossell se presentó en el lugar a eso de las ocho y media de la noche para calmar los ánimos. Quiso entrar en el Hospicio, pero los alumnos del centro –según determinados medios– se negaron a abrir.

Los datos que ofrece la prensa de aquellos días –en los que me baso para contarles esta historia– son muy confusos y en algunos puntos, contradictorios. Algunos medios estaban tan radicalizados como la situación social. Habría que contrastar muchos de estos datos, para ver si son ciertos y hasta qué punto.

Por ejemplo: según otras fuentes de información, los agentes de la Guardia Civil que había en la puerta le dijeron al Arzobispo que no podían dejarle pasar sin permiso de sus superiores. Hicieron varias llamadas telefónicas sin obtener respuesta, mientras Mons. Rossell esperaba en la calle, bajo la lluvia, pidiendo a los exaltados que se serenaran. Y a las diez y cuarto, tras casi dos horas de espera, al ver que le negaban la entrada, el Arzobispo decidió marcharse.

Sea como fuere, el caso es que dos días después, en la madrugada del jueves 12 de julio, llegó la orden del gobierno: las hermanas de la Caridad fueron expulsadas del CEA. Al conocer la decisión, Sor Teresa Vanegas, la Superiora, fue a la capilla, recogió el Santísimo Sacramento, y salió con las otras monjas hacia la Casa Central. Eran las cinco de la mañana.

Al verlas caminar a aquellas horas por la calle, las vendedoras y locatarias del mercado, comenzaron a dar gritos y amenazas contra la policía. Mientras tanto, los alumnos hacían sonar las campanas de la capilla del CEA, como manifestación de protesta.

Un grupo de señoras de la ciudad, junto con algunas vendedoras del mercado, fueron al Palacio Nacional para protestar. Las recibió un ministro de Arbenz, al que pidieron –tras aclararle que ellas no tenían nada que ver con los alborotadores– que las monjas se quedaran en el Hospicio.

Ya ven que aparentemente, el motivo de la protesta era el mismo: el traslado de las monjas; pero, de hecho, los objetivos eran muy distintos.

Los alborotadores intentaban convertir el suceso en la chispa de una rebelión popular contra el Gobierno de Arbenz, al que acusaban de comunista; las señoras sólo pedían que el CEA mantuviera su identidad, y no se transformara, como se veía venir, en un centro de indoctrinación marxista.

Intervinieron en este asunto otros sujetos: los ladrones y carteristas, que aprovecharon el tumulto, según cuenta la prensa, para hacer su agosto. A río revuelto, ganancia de *pescadores*.

El Presidente se reunió con una comisión de asesores, accedió a las peticiones de las señoras y decidió sustituir al director del Hospicio. Pero la elección de la persona adecuada no era sencilla, y más en aquellas circunstancias, por la dimensión pública que había cobrado el asunto. Se necesitaba a profesional de prestigio, sin significación política, que fuese respetado y conocido por sus actuaciones a favor de los más pobres y desvalidos.

Arbenz concluyó que el abuelo reunía esos rasgos, y lo hizo llamar. Mientras tanto se había creado en la ciudad un clima de exaltación que presagiaba lo peor. Se había ido congregando a lo largo de la mañana una muchedumbre frente al Palacio Nacional con intenciones tan diversas como sus pancartas. En una se leía: *Sr. Presidente, tenemos fe en usted.* En otra: *Que las hermanas sean respetadas.* En otra: *Pedimos la expulsión de los líderes comunistas.* Según *La Hora,* había unas seis mil personas.

A las dos de la tarde el abuelo se presentó, junto con la abuela, en el Palacio Nacional. Una vez dentro, las autoridades –probablemente el Presidente en persona– le ofrecieron la dirección del CEA.

El abuelo aceptó, a pesar de sus múltiples ocupaciones, pensando que era un modo de pacificar la situación y de servir al país. Puso una condición: que su nombramiento no fuera una solución de emergencia y transitoria. Debían darle tiempo suficiente para poner en práctica sus ideas. Arbenz –o quien le representara– estuvo conforme, y a partir de aquel momento le apoyó sin restricciones.

Cuando el abuelo salió del Palacio Nacional, se topó con los manifestantes, que seguían gritando y protestando en las escalinatas. Les pidió silencio, que consiguió a duras penas. Y de pie, sobre las gradas de entrada al Palacio, dijo:

–Señoras y señores: el Gobierno de la República ha tenido a bien encomendarme la dirección del Hospicio, cargo que he aceptado con la mejor buena voluntad.

Una de las medidas que ya acordamos es el retorno de las tres hermanas de la Caridad... por lo que ruego a ustedes retornar en calma a sus hogares.

Tras los vivas y aplausos de un sector, les rogó que se dispersaran pacíficamente, y se dirigió a la Casa Central de las Hermanas de la Caridad, donde estaba Sor Teresa con las otras dos monjas que trabajaban en el Hospicio. Les informó de su nombramiento como Director y las invitó a dirigirse al CEA, donde llegaron entre un buen número de señoras y locatarias del mercado.

Mientras tanto, un sector de los manifestantes permanecía dando gritos frente al Palacio Nacional, ocasión que –según el *Diario de Centroamérica*, «Vocero Oficial de la Revolución»– aprovecharon unos francotiradores para apostarse en diversos lugares del Parque Central. Llegó un carro, un Hudson 46, por la sexta avenida, manejado por un hombre que intentó abrirse paso entre la muchedumbre. Le increparon, él respondió, y cuando intentaron agredirle, salió del auto y se fue corriendo. Al ver que se les había escapado, se ensañaron con el vehículo.

«El carro –contaba *La Hora*– quedó volcado, pero empezaron a darle más vueltas, hasta lograr romperle los vidrios y desprendiéndole las portezuelas y otras piezas, hasta dejarlo inutilizado, y para remate le dieron fuego».

Una fotografía con esta imagen –un carro en llamas, entre un gentío vociferante– apareció en las páginas de TIME y se difundió por diversos países del mundo.

Tras el incendio hubo carreras y persecuciones, entre *mueras* a Arbenz y al comunismo. Llegaron tres camiones de la Guardia Civil y comenzó un tiroteo en el que murieron cinco personas y cayeron heridos más de cincuenta manifestantes.

Los datos son confusos, porque una fuente no gubernamental elevaba hasta diecisiete el número de muertos. El Gobierno decretó la restricción de las garantías constitucionales.

No puedo decirles si estos datos, que tomo de las informaciones de la prensa de aquellos días, son objetivos y verdaderos. Solo sé que estos sucesos apenaron profundamente al abuelo, que fue restableciendo la normalidad en el Hospicio, **sin ver colores ni de izquierda ni de derecha. Simplemente** –como declaró a *La Hora*– **llego a cumplir una misión profesional.**

La descripción que hizo en su *Memoria* de los antiguos comedores del Hospicio da idea del penoso estado del lugar: **al igual que los dormitorios, son larguísimos salones, oscuros, de aspecto tétrico, en los cuales, por falta de renovación suficiente de aire, el ambiente permanece crónicamente impregnado de olores rancios; las mesas, largas, cubiertas por una plancha de granito resquebrajada, imposibilitando mantenerlas en correcto estado de limpieza; largas bancas incómodas para sentarse; la vajilla de peltre descascarada y los cubiertos insuficientes completan el mísero aspecto.**

Comenzó a hacer reformas, con una mentalidad abierta que no dudada en llamar a las cosas por su nombre. El *Diario de Centroamérica* se hizo eco de sus primeras declaraciones: «El doctor Cofiño manifiesta que en Guatemala estamos atrasados en muchos años al mantener ese enorme centro, que esta clase de instituciones cuartelescas ya no existen en ninguna parte. Que el Centro debe desha-

103

cerse adoptando soluciones científicas para estos casos. Está por la colocación de los muchachos en hogares substitutos».

Mi primera actitud –refiere el abuelo en su *Memoria*– **fue la de serenar los ánimos, como en efecto lo logré, anteponiendo el interés social de los alumnos a toda otra preocupación, para obtener un clima que fuera propicio a un estudio objetivo y desapasionado de la situación.**

El abuelo sabía que los directores anteriores no habían dispuesto nunca de los medios materiales y humanos necesarios, ni de un presupuesto económico suficiente para solucionar los problemas. Como consecuencia, escribía, **el niño huérfano –que en realidad es el objetivo esencial del Centro Educativo– ha sido relegado a un plano secundario, alejado de la atención primordial, y no se ha tomado empeño en que su educación sea integral, lo que representa una verdadera negación de la Pediatría Social correctamente encaminada.**

Señalaba con claridad y firmeza que **el Estado ha cumplido parcialmente con su compromiso, en el sentido de brindar techo, vestuario y alimento, con las restricciones que más tarde señalaré; pero que ha fracasado de manera evidente e indiscutible en la parte educativa; no sólo en el sentido integral de esta palabra, sino considerada en el aspecto puramente escolar y en el de la enseñanza de oficios, en ambos de los cuales se encuentran errores y deficiencias muy serias.**

Intentó buscar ayudas en el sector privado. Aunque consiguió que algunos empresarios colaboraran en su empeño, no encontró la acogida que esperaba. Deseaba que los principales responsables de la industria y del comercio cooperaran en la formación de aquellos chicos, pero su afán tropezó **algunas veces con la rotunda negativa, y otras con el ofrecimiento de una ayuda que no se ha cumplido sino parcialmente.**

Su paso por el CEA fue decisivo: clasificó y seleccionó a los chicos realmente necesitados para que sólo vivieran allí los niños sin familia; se negó a aceptar recomendaciones; creó un buen servicio pediátrico; modificó el sistema de dormitorios, **terminando de una vez por todas con la promiscuidad y el hacinamiento**; y reorganizó el Servicio médico.

La lista de realizaciones que hizo es amplísima. Equipó con nuevos materiales los talleres de carpintería, plomería, herrería, zapatería y costura; consiguió la colaboración privada de más de treinta personas que trabajaban *ad honorem*; y creó una Escuela del Hogar para las jóvenes, con secciones de cocina, lavandería, clases de belleza, floristería, tienda, clases de comportamiento en sociedad y de administración del Hogar.

Puso en marcha un novedoso programa de prevención social: «El Llavín», que consistía en dar una llave del centro a los que cumplían 18 años, para que no perdiesen su vinculación y volviesen en caso de necesidad.

Creó la Casa Cuna «El Nido»; el Jardín de Niños, «Los Gorriones», en la finca Vista Hermosa; y una Colonia de Vacaciones, «Las Golondrinas», para niños convalecientes.

Propuso a las autoridades un proyecto de Ley para el Centro, en el que pedía que se constituyera un Patronato que liberara a la iniciativa privada de la dependencia de los organismos políticos y oficiales, porque **muy a menudo** –decía–, **las magníficas ilusiones de un momento, y los proyectos brillantemente estudiados pasan al olvido en las gavetas de alguna oficina del Ministerio.**

A pesar de que su modo de actuar no tenía ningún color político, como el Centro Educativo Asistencial dependía económicamente de unos sectores determinados de la sociedad guatemalteca, ligados a unos partidos políticos concretos, algunos grupos intentaron politizar sus actuaciones. Como respuesta, el abuelo creó un Consejo Económico del Hospicio independiente de partidos y consignas.

Tuvo que morder de nuevo –como tantos que se proponen hacer el bien en esta vida–, la fruta amarga de la calumnia. Por eso, no se asombren si en el futuro les pagan a ustedes con esta moneda. Así trataron a Nuestro Señor y no va a ser el discípulo más que el Maestro. En vez de agradecer su trabajo, algunos aprovecharon cualquier situación para atacarle.

Los motivos eran ridículos. Por ejemplo, cuando no aceptó a un indígena para un determinado puesto en el CEA, porque no tenía la cualificación profesional suficiente, le acusaron nada menos que de... ¡racista! ¡Racista él, que había consumido tantos años de su vida en la promoción de los indígenas y de las personas más necesitadas de Guatemala, sin hacer la menor distinción por el color de la piel!

El abuelo perdonó siempre estas calumnias, que no lograron el objetivo que pretendían –apartarle de la dirección del centro–, porque el Presidente Arbenz reafirmó repetida y públicamente su confianza en él.

Fueron unos años de labor dura, peleada y grata —escribía el abuelo—. **Y esa joven mujer** —sor María Teresa— **fue el alma de esa lucha que llevamos la mano en la mano.**

Entre sus más fieles colaboradores estaba Carlos Cossich, alumno de los últimos cursos de Medicina. En una ocasión le dijo el abuelo que explorara a los niños. Cossich vio que no eran capaces de sentarse y sostener la cabeza, y dedujo, según lo que había estudiado, que padecían un defecto psíquico.

—Doctor —le dijo, alarmado— aquí hay cuarenta retrasados mentales.

El abuelo le miró con gesto divertido:

—**¿Sí? Vamos a verlo....**

Los estuvo explorando y dijo que los llevaran a «El Nido», donde Cossich les haría una revisión periódica.

En «El Nido» había buenas enfermeras, que ponían en práctica, por iniciativa del abuelo, la llamada «estimulación temprana», de la que se hablaría tanto años después.

Poco a poco, los niños comenzaron a reaccionar. Cossich iba de sorpresa en sorpresa: niños que pocas semanas antes no se mantenían en pie daban los primeros pasos; y los mayores salían a recibirle corriendo cuando le veían llegar en el carro.

—**Vení para acá, Cossich** —le dijo el abuelo, sonriendo, un día que coincidieron en «El Nido»—. **¡Preséntame a tus retrasados mentales!**

—No hay ninguno, doctor.

—**Ya viste... y ahora los vamos a dar en adopción.**

Y le explicó el programa de adopción que había creado, de acuerdo con las conclusiones de la abuela, que estaba preparando una tesis titulada «Proyecto de organización de hogares sustitutos en Guatemala» en el Instituto Guatemalteco de Seguridad Social.

Aquellas propuestas eran muy abiertas y renovadoras para la época. Ahora, como es lógico, algunas habrán sido superadas; pero muchas otras no: continúan en plena vigencia, y en la misma dirección en la que trabajaban los abuelos.

Por ejemplo, en cuanto a la adopción, se adelantaron varias décadas a la mentalidad de su tiempo y establecieron las bases de un sistema parecido al que siguen en la actualidad, medio siglo después, los países más avanzados y progresistas en la materia.

Durante aquel tiempo los niños abandonados vivían en las Casas Cuna, donde los cuidaban hasta que un matrimonio elegía al que más les gustaba, pagaban una determinada cantidad y se lo llevaban.

El abuelo no aceptó nunca ese sistema, que le parecía degradante. No permitía que los futuros padres eligiesen o desechasen a los niños porque fuesen altos o bajos, rubios o morenos, como una mercadería.

–¡No! ¿Por qué quieren ver a los muchachitos primero? Soy yo quien debo saber primero quiénes son ellos, qué hacen, cómo viven...

Sólo cuando había una información positiva sobre los futuros padres y cuando se tenía la seguridad de que los niños iban a recibir una educación en un ambiente familiar adecuado, se decidía la asignación correspondiente. De esto se conserva una amplia documentación.

Es muy expresiva, en este sentido, la ponencia que presentó el abuelo sobre la asistencia al Niño Huérfano o Abandonado en el I Congreso Centroamericano de Pediatría en Costa Rica.

Era una tarea hermosa y dura, porque a veces los niños enfermaban y fallecían. En una ocasión Carlos Cossich comprobó, con impotencia, que no podía hacer nada médicamente para salvar la vida de un niño. Debe ser terrible, ¿verdad? que se te muera un niño pequeño... Los que no somos médicos no estamos acostumbrados a eso. Es lógico que los médicos afronten esas situaciones con un talante especial; si no, se quedarían paralizados.

Eso era lo que le estaba sucediendo a Cossich. Al darse cuenta, el abuelo le agarró del brazo, le sacó fuera y le dijo:

–**A las cocineras se le quiebran los platos, ¿por qué? ¡Porque tienen que trabajar con platos! Y a los médicos, que trabajamos con enfermos... ¡ se nos mueren los enfermos! ¡Tú hiciste todo lo posible para salvarlo, pusiste todos los medios!**

Le consoló y le animó, haciéndole ver que tenía que ser fuerte, porque desgraciadamente, se vería en esa situación más veces en su vida.

Cossich recordaba también que, estando recién licenciado, se encontró con el abuelo en la Facultad, y le preguntó en un aparte:

–**¡Vení para acá, Cossich! ¿Ya estás trabajando en algún lado?**

–No, doctor. Sólo aquí.

Colaboraba en la Facultad, pero sin retribución económica.

—¿Y cómo estás haciendo para el dinero y todo eso?

Le explicó que seguía dependiendo de su familia. El abuelo, entonces, agarró un cheque, lo firmó atrás y le dijo:

—A partir de ahora vamos a ir «mitá a mitá»: un mes me llevo yo el cheque y otro mes te lo llevas tú.

Y le estuvo dando el cheque por un montón de meses, hasta que consiguió un puesto de trabajo.

—Nunca he visto yo que alguien haga eso —decía Cossich— y todavía yo nunca lo he hecho con nadie, a pesar del buen ejemplo que me dio.

Otro médico, De la Riva, relataba algo parecido. Había regresado del extranjero sin medios económicos para salir adelante, y el abuelo, para ayudarle, hipotecó esta casa para que pudiera adquirir una propiedad.

—Son cosas —comentaba emocionado De la Riva— que llenan el alma y que se me grabaron profundamente...

Aquel contacto diario con el sufrimiento de los niños fue purificando su alma. Su trato con Dios se hizo cada vez más intenso, lo mismo que su preocupación por la formación cristiana de sus hijos. En Semana Santa se llevaba a mis hermanos al Molino, en Tecpán, a casa de los Matheu. Allí, además de descansar y disfrutar —es un sitio muy bonito— podían participar en los Oficios de la parroquia.

En El Molino había una cocinera indígena que sufría fuertes dolores de cabeza desde hacía un año. El abuelo se interesó por ella y descubrió que un brujo le había dicho que llevara en la cabeza un trapo húmedo para bajarle la temperatura; y eso era, precisamente, lo que le aumentaba el dolor.

Se la trajo a la ciudad y la hizo ver por un otorrinolaringólogo, que la curó. Y cuando se volvió para el Molino, le aconsejó que en el futuro tratara más a Nuestro Señor y se olvidara de los brujos...

Conocía muy bien el mundo indígena. Tengo un recorte de periódico con unas declaraciones suyas a *La Tribuna del Pueblo*, el diario de San Juan, en las que afirma que la medicina debía ser **como el árbol que reparte sus frutos entre todos aquellos que cobija**. Había que llegar a todos los ámbitos sociales –decía, con fuerza–, y en especial al mundo indígena: **tenemos que llegar al indio, reconquistar su salud, su fe y su confianza.**

Mientras trabajaba en el CEA tuvo lugar la revolución de Octubre. Desaparecidos, torturados, cárceles rebosantes de detenidos... Ofensivas de signo comunista... Cartas pastorales y denuncias públicas por parte de Mons. Rossell...

En medio de aquel ambiente crispado, los abuelos siguieron promoviendo actividades de beneficencia y promoción social. El 30 de julio de 1953 le dieron a la abuela el título de Trabajadora Social en el Paraninfo de la Universidad de San Carlos; esto le permitió colaborar de una forma más estrecha aún con el abuelo.

Desde el 19 al 30 de agosto de ese mismo año tuvo lugar un Seminario Nacional, organizado por el Instituto Panamericano de Protección a la Infancia, con el apoyo del

Gobierno. El abuelo era delegado permanente de ese Instituto y participó de forma tan activa que la prensa comentó: «el dinámico director del CEA está a la vanguardia de los prohombres de la beneficencia pública».

Su prestigio superaba ya las fronteras de Guatemala. Durante los días 6, 7 y 8 de noviembre, una especialista en estas cuestiones, María Rosario Araoz, publicó varios artículos en *La Nación* de Lima, en los que afirmaba:

«En Guatemala no se puede hablar de protección a la infancia sin referirse a Ernesto Cofiño, el hombre extraordinario, cuyo talento y corazón está realizando en su país una de las más hermosas y trascendentales transformaciones en la asistencia al niño.

»Padre de la Pediatría en Guatemala, el Doctor Cofiño es no sólo el iniciador de la asistencia especializada al niño desde el punto de vista médico; es también el infatigable propulsor del Servicio Social en su más cabal sentido».

La situación política se fue deteriorando hasta que Jacobo Arbenz se vio forzado a dimitir el 27 de junio de 1954. Se disolvieron los sindicatos y los partidos políticos. Carlos Castillo Armas, un militar, se hizo cargo del poder el 8 de julio. Asumió la Presidencia el 1 de septiembre de 1954.

Algunos sectores exaltados dijeron que el abuelo, que estaba de viaje en Estados Unidos, se había ido allí sólo para sacar del país al hijo del Presidente, Jacobito, que era paciente suyo.

Al regresar a Guatemala el abuelo explicó que había hecho aquel viaje por motivos estrictamente personales; pero aclaró que si hubiera tenido que ayudar a aquel niño, lo hubiera hecho y con mucho gusto, fueran las circunstancias que fueran, porque él era médico, y en sus actuaciones no se movía por criterios políticos, sino por criterios exclusivamente humanitarios y médicos.

Tras el derrocamiento de Arbenz, siguieron hostigando al abuelo, esta vez por medio de la prensa anticomunista. Se pasó de un clima de fanatismo comunista a otro de fanatismo anticomunista.

Acusaron al abuelo de... ¡comunista!; de haber engañado al Arzobispo y al nuevo gobierno; de haber hecho viajes al extranjero para cuidar de los intereses de Arbenz; etc.

Pero su figura ya era suficientemente conocida en Guatemala como para que pudiera afectarle una campaña de prensa tan burda. El nuevo Gobierno le confirmó en sus cargos, y ...

...y seguiremos hablando de esto en otra carta.

Con todo cariño:

Papá

VII

1 enero de 2000

Queridos Jorge, Paola y Diego:

Pienso muchas veces en el abuelo. Realmente no hay día en que no me acuerde de él, pero en estas fechas, como es natural, le tengo especialmente presente. Hace unos días, cuando veía en la televisión cómo el Papa abría la Puerta Santa, pensaba cuánto le habría gustado contemplar esas imágenes. Las habrá contemplado desde el Cielo, estoy seguro; y desde allí nos ayudará a vivir bien este Jubileo: ¡el Jubileo del año 2000!

Les hablaba en mi carta anterior de su actuación durante los años de Arbenz. Hoy quiero hablarles de su comportamiento como médico cristiano, como buen profesional que afrontaba los problemas con coherencia ética, y que facilitaba los sacramentos a sus pacientes, católicos en su inmensa mayoría.

Si un niño recién nacido corría peligro de muerte, hacía que lo bautizaran enseguida; si un enfermo estaba moribundo y lo pedía, avisaba a un sacerdote, para que le administrara la Extremaunción, como se llamaba antes a la Unción de los Enfermos.

Pero, poco a poco, fue sintiendo en su alma que Dios *le pedía más* en su vida espiritual; *más* en su entrega a los otros; *más* en su conocimiento de la Fe... y en 1953 le preguntó a su amigo, el Arzobispo, si conocía algún sacerdote que le pudiera orientar.

Por esos años –escribía– fui sintiendo la necesidad de acercarme al Señor: sentía que me hacía falta esto para la paz de mi alma. Saliendo de velar a un amigo enfermo me encontré a la puerta a Monseñor Rossell que venía acompañado de don Antonio, recién llegado al país para organizar la labor del Opus Dei.

Ese día fue trascendental para mí, como lo es me imagino para todos los que buscan el camino más seguro de ir a Dios.

En el verano de 1953 sucedió lo que llamaba **el gran encuentro.** Su amigo fallecido era el doctor Alberto Vassaux; y ese don Antonio que acompañaba al Arzobispo era don Antonio Rodríguez Pedrazuela, que tenía veintisiete años y se había ordenado, pocos meses antes, en febrero.

El Arzobispo le dijo al abuelo:

–Doctor: usted quiere tener dirección espiritual. Aquí puede encontrarla.

El abuelo se quedó sorprendido por la diferencia de edad. Inmediatamente, don Antonio le pidió su número de teléfono.

Recordaba don Antonio en sus memorias: «el doctor y yo hemos bromeado muchas veces sobre esa primera impresión mutua. "Le ha sorprendido que le pida su teléfono tan a las claras", pensé, porque yo estaba dispuesto a que su deseo no quedara en agua de borrajas. El doctor, por su parte, supuso que yo cavilé en mi interior:

–¡Uf! Está un poco viejo. ¡Veremos si tiene *chapús!*»

Quedaron en verse en una casa en la Octava calle, donde vivían don Antonio y don José María Báscones, otro sacerdote del Opus Dei. Era el primer centro del Opus Dei en Guatemala, que se había puesto gracias a la ayuda económica, al estímulo y la magnanimidad de Mons. Rossell.

El abuelo fue a visitarle y don Antonio le estuvo ayudando a profundizar en la Fe. **Había que comenzar casi desde el principio, por lo más elemental**, decía el abuelo.

Durante ese tiempo, como les dije en mi carta anterior, el abuelo viajó a Estados Unidos, porque un hermano mío había enfermado gravemente.

Escribía el abuelo: **Tuve que salir precipitadamente del país al recibir un aviso de que mi hijo estaba muy mal en una universidad norteamericana, donde lo había enviado.**

Salí del país en momentos muy difíciles (...). Dejaba en esa angustia a mi esposa y mis hijos.

Llego a la Universidad y encuentro una situación muy confusa: recargo de trabajo y nostalgia (...). El diagnóstico (...) era serio.

Yo estaba solo: no había quien pudiera darme un consuelo. Las noticias en la prensa eran muy alarmantes con respecto a la situación de mi país. La angustia oprimía mi corazón como en una prensa de acero frío e implacable.

En aquel lugar había una sola iglesia católica, bien pobretona de aspecto, pero rica de contenido. Allí llegué: estaba solo como fiel asistente a la misa; las lágrimas brota-

ban de mis ojos a raudales y bañaban mi rostro. Ponían como un velo a mi mirada.

Pero aun así, a través de ellas contemplé en el altar un Cristo Crucificado de tamaño natural. Parecía querer desprenderse de la Cruz a la que estaba cosido para ofrecerme su pecho, y en él la llaga de la lanza como brindándome un refugio...

Poco a poco las lágrimas que no cesaban de brotar fueron haciéndose más refrescantes y la prensa de acero que oprimía mi corazón se fue aflojando.

Cuando llegué a recibir el Cuerpo de Nuestro Señor ya estaba más calmado, la confianza comenzaba a aparecer, sentí que el Señor no me abandonaría... y así fue.

El hijo curó y regresé al país. Volví a encontrar a la Obra y comprendí claramente que el Señor me había llamado a la Obra. ¿Por qué? Sin duda sin ningún merecimiento.

Pasaron los meses, y el 9 de septiembre de 1955, antes de marcharse del Centro Hospitalario donde había trabajado durante varios años, el abuelo quiso leer las libretas del diario del Hospital, para hacer memoria de aquel tiempo. Comprobó, con pena, que habían dejado de anotarse muchos datos.

Es una verdadera lástima que se haya hecho un silencio completo en 10 años, sin duda por negligencia, ya que han abundado los acontecimientos dignos de mencionarse, en todos los órdenes.

Se han escrito libros (Dr. Monzón, Dr. Girón); se han patrocinado muchos trabajos interesantes; muchos son los compañeros que se han distinguido; los que han hecho estudios especiales; los que se encuentran ejerciendo en otros países.

Se siente en la lectura de estas libretas tanto afecto y tanta sinceridad que verdaderamente son un bálsamo, cuando se regresa de un largo camino, heridos los pies y dolorido el corazón.

Hace pocos meses apenas volví a asumir la Jefatura de servicios y la docencia en la Cátedra de pediatría, que dejé durante 4 años...

El 12 de julio de 1951 en medio de conmoción popular me hice cargo de la dirección del Centro Educativo Asistencial... cuatro años de lucha sin cesar, de ilusiones y desalientos... abandono total de mis antiguas disciplinas, el servicio de Medicina, Sor Matilde, la docencia en la cátedra de Pediatría...

Todo reemplazado por un vivo interés en los problemas sociales y en particular en la Asistencia al Niño Privado de Familia.

Lo que fue la obra, el tiempo lo dirá... Seguro es decir que la cosecha fue buena, ya que el espíritu sólo puede templarse en el sufrimiento y la experiencia sólo se adquiere en la lucha...

Cuántas cosas tenemos que contar: ilusiones, triunfos, decepciones y fracasos... y por encima de todo está la medular estructura de los afectos, que son inquebrantables y que en el correr del año van cogiendo visos de Eternidad...

De nuevo pondré en manos de Carlos Monzón Malice este librito para que en las páginas que siguen trate de rememorar los principales acontecimientos de estos 10 años, en los cuales tanto se ha hecho.

Y verdaderamente ahora, más formados, que todos nuestros actos se normen al ejemplo del Divino Maestro... que Él sea nuestro guía, nuestro Oriente, nuestro sostén, y pensemos realmente que esas criaturitas, lastimadas por la vida, por la miseria, por el abandono, son su propia Imagen que se repite como en un espejo de mil facetas en todo ser que sufre.

Este mediodía del 9 de septiembre de 1955 es luminoso, la luz penetra a raudales por la ventana de nuestra clínica:... el corazón se ensancha y el optimismo borra las últimas arrugas de las decepciones. Todo es bello y tenemos nosotros la más hermosa profesión. Ojalá sigamos siendo dignos de ella.

Carlos Monzón Malice era un joven médico al que acompañó en sus últimos momentos. Fue primero su paciente, luego mi externo −escribía−, mi interno y finalmente compartiendo conmigo el servicio hospitalario y la Cátedra de Pediatría. Su labor ha sido relatada en extenso; supo dejar huella.

Su mano amiga estaba apretada a la mía, cuando muy joven aún dejó este mundo... precisamente en el momento que repicaban las campanas llamando a Misa navideña...

Durante estos años, de 1953 a 1955, participó asiduamente en los medios de formación cristiana del Opus Dei. Asistió al primer curso de retiro que organizaron don Antonio y don José María en Guatemala, del 1 al 4 de noviembre de 1955, en el que, aunque invitaron a muchos amigos, sólo confirmaron su asistencia cuatro: Julio Obiols, Humberto Olivero, Francisco Arrivillaga y el abuelo, que pensaba que el retiro se suspendería por falta de asistentes.

–No, doctor –le dijo don Antonio–: ¡yo predico aunque sólo venga usted!

Ese primer retiro tuvo lugar en La Concepción Pixcayá, cerca de San Juan Sacatepéquez, en una finca de doña María de Mirón. Mi mamá, que tenía mucho cariño al Opus Dei, se ocupó de preparar la comida para aquellos días.

Tiempo después el abuelo se reía, cuando recordaba que el primer día, antes de la comida, se puso de broma su bata blanca y les llevó una bandeja llena de copetines haciendo de camarero. Ninguno de los asistentes sabía bien en qué consistía un retiro...

Don Antonio le explicó, con paciencia, que un curso de retiro no es lo mismo que una Convención de médicos o uno de aquellos Congresos a los que estaba habituado. No era una simple una reunión de amigos, ni habían venido a platicar y a tomar copetines, sino a rezar y a plantearse a fondo como buscar la santidad en su vida cotidiana...

Tras el retiro siguió viéndose con don Antonio, y así –recordaba el abuelo– **se inició una amistad que me fue poco a poco llevando a conocer lo que el Señor esperaba de mí, hasta hacérmelo ver tan claramente que estuve dispuesto a escribir la carta pidiendo la admisión en el Opus Dei.**

Pidió la admisión el 6 de diciembre de 1956, aunque puntualizaba siempre que él se había «sentido» del Opus Dei desde aquel verano de 1953: ¡**desde el mismo día en que lo conocí!** –repetía con fuerza.

Fue el primer supernumerario del Opus Dei en Centroamérica. **La formación que la Obra me dio** –escribía– me llevó a asimilar la doctrina de la Iglesia, a tratar a Dios con profundidad a través del cumplimiento de algunas prácticas de piedad, a hacer apostolado con mis amigos para recristianizar esta sociedad, esforzándome en trabajar bien y en atender mis obligaciones familiares, cívicas y sociales.

En otras palabras, a estar muy metido en el mundo sin necesidad de salirme de él para tratar a Dios.

La abuela notó enseguida cómo fue mejorando en diversos aspectos de su vida: en el trato con ella y con mis hermanos, en la alegría... «¡Yo no sé lo que ustedes han hecho con mi marido —le contaba, feliz y divertida, a don Antonio— pero es una maravilla!».

Ya saben que ni mamá ni yo somos del Opus Dei. Dios no nos llama a servirle por ese camino; o por lo menos, no nos ha llamado hasta ahora. Por eso, de todas estas cuestiones sólo puedo decirles lo que el abuelo ha dejado escrito o lo que me han referido algunas personas del Opus Dei.

Pero sin ser del Opus Dei, he sido testigo, durante muchos años —lo mismo que mamá— de cómo vivió el abuelo su entrega cristiana.

No sé cómo explicárselo: se entregó a Dios en el Opus Dei con todas las fuerzas de su corazón, con todas las veras de su alma, con todo su ser, con toda la ilusión de la que era capaz. «Yo sólo era —escribe D. Antonio— un joven sacerdote de veintiséis años, sin experiencia, recién venido de España. Él era un médico brillante, conocido en el país. Pero aceptaba los consejos de carácter espiritual con una gran docilidad, con una gran humildad y un gran deseo de aprender».

Enrique Fernández del Castillo le recuerda por las mañanas, en la Misa de las siete, puntual, animoso y feliz. Ponía ese mismo entusiasmo, espiritual y humano, en todo lo que hacía. Su entrega a Dios le sirvió para tratar más íntimamente al Señor y conocerse mejor a sí mismo, con sus virtudes y defectos, que aceptaba con humildad, esforzándose en corregirlos.

Por ejemplo, le sugirieron que cuando cambiara de automóvil –tenía uno muy grande, de color verde–, procurase comprar otro más modesto. Así lo hizo, con un desprendimiento cada vez mayor de las cosas materiales. Gastaba en ropa lo necesario, sin gastos inútiles, y evitaba cualquier entretenimiento frívolo y mundano, huyendo de las ocasiones de pecado. En sus cuadernos personales hay una anotación muy expresiva: **«¿Yo le tengo miedo a las mujeres? No, yo me tengo miedo a mí».**

Era profundamente humilde; y aunque salvaba la vida a miles de niños, nunca pensaba que él era quien los curaba. Nunca se vanaglorió diciendo: «qué hábil soy»; ni jamás le oí decir: «hice tal, hice cual»; o algo parecido.

Se esforzaba por convertirse cada día. Piensen que se entregó a Dios con casi sesenta años. ¡Ustedes no se hacen idea de lo que cuesta cambiar a esas edades! Llevamos tanto tiempo conviviendo con nuestras propias manías y defectos que acabamos encariñándonos con ellos...

Yo no soy viejo, aunque a ustedes se lo parezca; me falta bastante para llegar a los sesenta. Pero tengo experiencia de que, a medida que uno crece, va creciendo la intransigencia hacia los defectos de los demás y la benevolencia con esos mismos defectos en nosotros mismos: «es que yo *siempre* he sido así», decimos, intentando justificarnos.

Yo vi, día a día, cómo luchaba el abuelo; cómo se esforzaba por apartar de su vida lo que le apartara de Dios; cómo se entregaba de tal manera, y con tal amor, que el amor de Dios le fue rejuveneciendo el alma de un modo asombroso.

Dicen que los artistas de cine no se dejan fotografiar nunca por el *lado malo*. Por lo general, intentamos dar la mejor imagen de nosotros mismos. Pues bien: el abuelo no ocultó su alma a la gracia de Dios. Y esa gracia lo fue purificando por entero. Podía haberse excusado en su edad, como tantos, que dicen: «*¡Si me hubiese dado cuenta antes, en mi juventud! Pero ahora, en ésta y aquella circunstancia, ya es demasiado tarde para entregarme a Dios; ya tengo demasiados años para cambiar*».

El abuelo luchó por cambiar, y le pidió a Dios que le diese la gracia de una profunda conversión... y Dios se la concedió, por medio de la oración, de los sacramentos, de los consejos de las personas del Opus Dei, y de los acontecimientos de cada día, en los que sabía ver la mano divina.

Con mano cariñosa –escribía– **mis directores fueron tallando la piedra informe que yo era, con una sola ventaja: me agradaba ser tallado, gozaba al ver caer aristas y ángulos. En realidad yo no me daba cuenta de la figura que estaba surgiendo, pero tenía fe en el escultor.**

Abrió un nuevo capítulo de su existencia cuando muchos hombres cierran las ventanas de su alma. En esos años en los que tantos se repliegan en sí mismos –nostalgias, recuerdos, deseos logrados o frustrados–, él dejó su corazón abierto por completo, lleno de esperanza, al querer de Dios.

Pienso que es uno de los grandes mensajes de su vida: ¡Siempre estamos a tiempo para cambiar! ¡Siempre es un buen momento para la santidad! ¡Siempre se tiene edad para entregarse a Dios! ¡Nunca es tarde para el Amor!

Hizo grandes descubrimientos espirituales desde los sesenta a los noventa años. Los últimas décadas de su existencia fueron de plenitud y supusieron una nueva juventud para su alma. Descubrió un sentido, más profundo y sobrenatural, de su trabajo. Ya no bastaba con realizarlo humanamente bien —eso lo había procurado hacer desde siempre—: ahora podía convertirlo en oración, en alabanza al Creador, en amor a Dios. **Cada actividad** —decía— **la desarrollo lo mejor posible, ofreciéndola al Señor.**

Se esforzó por ampliar su círculo de amistades a una edad en la que cuesta mucho hacerlo. A ustedes les resulta fácil hacer nuevos amigos con los compañeros de clase, deportes y aficiones. Quieren conocer y relacionarse con muchas personas, y eso es bueno. El abuelo sabía, además, que una amistad verdadera, que es un gran bien en sí misma, es el cauce para acercar a Cristo a muchas personas: **hacer apostolado con mis amigos** —escribió— **para recristianizar esta sociedad.**

Siguió cultivando sus viejas amistades junto con otras nuevas. Ayudaba a sus amigos con su cariño, y se lo demostraba con su preocupación constante por ellos y por sus problemas, con su palabra y con su ejemplo. Y con sus peticiones: les ayudaba a hacer obras de misericordia y de solidaridad con los más necesitados.

¡Cómo cambió de carácter! «Perdió completamente la arrogancia de su juventud —cuenta la tía Uca— y fue capaz de hacer algo a lo que yo nunca me hubiera atrevido: pedir dinero para las labores... Nunca resulta fácil pedir dinero, por muchas razones que se tengan para hacerlo. Además él era de una familia muy acomodada; pero se olvidó de eso: no le importaba».

Yo pienso que al principio le costaría pedir colaboración económica y soportar las negativas y los desplantes, pero se lo ofreció al Señor; y lo que en otras personas puede suponer una «humillación», fue para él una fuente de gozo.

En las páginas en las que evocaba sus primeros veinte años de vocación, hablaba, agradecido, **de ese cuidado amoroso que me ha brindado la Obra, de darme la oportunidad de poder servir al Señor, y hasta de hacerme sentir que era un instrumento no despreciable.**

En los momentos difíciles y dolorosos, la Obra ha estado presente en mi corazón y en mi hogar. Ha hecho que las lágrimas, sin dejar de serlo, se volvieran sonrisas. (...)
Deo gratias!

Un último suceso de 1956. Mi hermano Ernesto se había casado ya, y un buen día le dijo el abuelo a don Antonio:

—**Felicíteme, porque voy a ser papá.**

—Qué bueno. ¿Ernesto va a tener un niño?

—**No, no. ¡Soy yo el que va a ser papá! ¡Clemencia está esperando!**

El niño que esperaban era yo, que nací el 20 de octubre de 1956. Mi papá tenía entonces cincuenta y siete años.

Comenzó una nueva etapa de su vida, tan inesperada como las anteriores. Pero, si les parece, hablaremos de esto en la próxima carta. Muchos besos de:

Papá

VIII

Enero de 2000

Queridos Jorge, Paola y Diego:

Terminé mi última carta en el año 56, cuando yo nací. A mitad del siglo pasado... ¿Qué raro suena, verdad? El siglo pasado... Quería decirles algo de mi infancia. Pero antes de eso, les contaré como nació, en esa misma época, otra de las *grandes aventuras* de su vida: Ciudad Vieja.

Don Antonio lo relata en su libro de memorias. Un día le preguntó Enrique Fernández del Castillo al abuelo:

–Doctor: ¿qué le parece si creamos un gran Centro Universitario?

Y le explicó la idea. Se trataba de crear en Guatemala un lugar donde los universitarios pudieran recibir una formación intelectual de calidad, con rigor y exigencia, que fuese un foco de modernidad y progreso en Centroamérica, y un espacio de diálogo y de convivencia, donde el que lo deseara pudiera encontrar formación cristiana.

No sé qué ideas pasarían entonces por la mente del abuelo. Quizá recordó sus años de París, cuando los guatemaltecos debían marchar necesariamente al extranjero para recibir una formación universitaria de calidad. O pensó en las situaciones conflictivas que le había tocado sufrir, fruto de la falta de diálogo, del fanatismo y del olvido de Dios... Lo ignoro; pero sé que se animó al saber que otros dos padres de familia, también del Opus Dei, como Walter Widman y Alfredo Obiols, se habían entusiasmado con la idea, y que el Opus Dei se ocuparía de la formación cristiana de aquellos muchachos.

En aquel proyecto se entrelazaban muchos de sus ideales profesionales, espirituales y humanos. Para el abuelo, que era entonces el Primer Secretario General de la Federación de Asociaciones Pediátricas de Centroamérica, el hecho de ser universitario es **una condición que no se pierde: no es la toga que se pone y se quita**; y comporta una fuerte responsabilidad social, una honda obligación de servicio a los demás.

Sigo relatándoles, paso por paso, lo que cuenta don Antonio. El abuelo, Walter y Alfredo pensaron que para poner aquello en marcha debían constituir en primer lugar un Patronato que se hiciera cargo de la gestión financiera y de los aspectos económicos, técnicos y jurídicos del proyecto.

Dicho y hecho. Se pusieron en contacto con varios amigos suyos, como Juan Maegli, Ernesto Rodríguez Briones, Julio Obiols, Humberto Oliveros y varios más. Seguro que algunos de estos nombres les suenan, porque eran muy amigos de mi papá.

Fijaron la fecha para la primera reunión del Patronato. Y precisamente en la víspera de esa reunión... asesinaron al Presidente Castillo Armas.

Sucedió el 26 de julio de 1957. El Presidente caminaba con su esposa por los pasillos del Palacio Presidencial, cuando un soldado de la guardia les presentó armas. Segundos después les encañonó y apretó el gatillo. Dos de los disparos alcanzaron al Presidente, que murió pocos momentos después. Luego, el soldado se suicidó.

Se declaró el *estado de sitio*. Sin embargo, el abuelo siguió adelante con el proyecto de Ciudad Vieja. ¡Nunca esperó, cruzado de brazos, a que se presentara eso que llaman *una coyuntura favorable!* En ese caso, no hubiera hecho nada en su vida. Tuvo que actuar casi siempre a contracorriente.

Se dirigió a sus amistades y conocidos, y comenzó a pedirles ayuda económica para aquel proyecto, explicándoles que aquello era para Dios y para el bien de los demás. **A todos les da vergüenza pedir pisto** –decía–. **A mí no.**

Es un signo de humildad, porque ¿a quién no le cuesta, y más siendo una persona de su relevancia social, pedir dinero y soportar desplantes, aunque sea para ayudar a los demás?

Como de costumbre, fue por delante. Cuentan que donaba para el proyecto de Ciudad Vieja el sueldo que recibía en uno de los hospitales donde trabajaba: 70 quetzales al mes. Esa cantidad equivale, más o menos, a unos 1500 quetzales: lo que viene a ganar un empleado en una oficina pública. Entonces las ayudas que recibían eran de 5, de 10, de 50 quetzales, y ya parecían grandes cantidades.

Buscaron una sede para el futuro Centro Universitario, y al fin dieron con un chalet con jardín en el barrio de Ciudad Vieja. En agosto, firmaron el contrato de alquiler, y bautizaron el centro con el nombre del barrio.

Mi mamá le ayudaba en todo, como de costumbre. Un día se enteraron de que habían clausurado una casa de juego clandestina y estaban subastando los enseres: cuadros, vajillas, mesas y cortinas... Al abuelo le repugnaba ir a un lugar así, pero fue; y cuando vio unas cortinas de terciopelo verde, que podían ir muy bien en el Oratorio, decidió comprarlas, diciendo:

–¡Esto sí que es santificar las cosas! Porque estas cortinas van a ir, de la sala de la ruleta, al mejor sitio que se pueda pensar!

Aquel mismo año, el 12 de diciembre de 1957, fiesta de la Virgen de Guadalupe, Mons. Rossell, que apreciaba tanto el Opus Dei, bendijo el edificio de Ciudad Vieja.

Pueden imaginarse la alegría del abuelo, que veía cómo se iba haciendo realidad otro sueño de su vida.

Más tarde, cuando se decidió construir un Centro Universitario de nueva planta, acudió a unos amigos suyos, los Piñol, que regalaron el terreno. Se hicieron los proyectos, se firmaron las escrituras y aquel año, como de costumbre, se fue durante el mes de diciembre a México, con la tía Clemen. Y estando allí, pensando en el nuevo Centro Universitario, se le ocurrió:

–Ahí se va a necesitar una primera piedra. ¡La voy a llevar yo!

Y compró en la Villa de Guadalupe una Virgen de bronce, para que fuera *la primera piedra* de la nueva Ciudad Vieja. ¿Qué mejor fundamento –decía– que la protección de la Santísima Virgen para esta casa?

Cuando se jubiló, como el proyecto de Ciudad Vieja le ilusionaba tanto, se dedicó plenamente a este empeño.

Al cumplir los sesenta años –contaba–, en junio de 1959, decidí despedirme de lo que habían sido mis labores por 25 años en el Hospital San Juan de Dios y en la Cátedra de Pediatría. Varias fuerzas presionaban en mí para llegar a esta decisión.

Por un lado, tenía colaboradores muy valiosos que habían adquirido el derecho pleno de asumir la Jefatura de ambas actividades y aun cuando de hecho venía compartiendo con ellos las responsabilidades, consideraba que había llegado el momento de entregárselas por completo.

Por otra parte, crecía en mí un tremendo atractivo: poder dedicar mayor tiempo a la atención del Centro Universitario Ciudad Vieja, en el que venía trabajando de modo parcial desde 1957.

Desde entonces, hasta el final de su vida, gastó sus mejores energías en la formación integral de los residentes del Centro Universitario; ayudaba a los directores a sacar adelante los programas educativos y fue formando a varios miembros de la Asociación para que pudieran sustituirle en el futuro.

Ciudad Vieja fue, en sus propias palabras, **como el agua de juventud.**

Pero no piensen que al jubilarse comenzó su declive. Al contrario; fueron para él años de plenitud, en muchos aspectos. En mayo de 1957 estuvo en Monterrey en un congreso de Psiquiatría, como representante del Consejo del Niño por parte de UNICEF. El tío Francisco cuenta que su intervención impresionó tanto a los congresistas, que el doctor Solís Quiroga, que presidía el Congreso, le propuso dar el Discurso de Clausura unos veinte minutos antes.

–¡Pero yo no soy psiquiatra! –dijo el abuelo.

—No importa —le comentó Solís Quiroga—. Es su carácter humanístico lo que me interesa, su forma de percibir el mundo, con ese humanismo que hemos perdido muchas veces. Haga usted el discurso de clausura...

El abuelo aceptó y pronunció el discurso.

Fue un periodo insospechado también desde el punto de vista familiar. Piensen, por ejemplo, que el 3 de septiembre de 1958, el día en que se casó la tía Clemen, el abuelo ya tenía un hijo casado —el tío José Ernesto—; y tenía tres hijos viviendo en casa: dos muy jóvenes —mi hermana Sofía, de dieciséis, y mi hermano Roberto, de nueve—; y uno a punto de cumplir los dos años, que era yo.

Es decir: cuando dejó de ponerme los pañales se preparó para ser abuelo...

Pero no les he contado nada de mi infancia... No importa; ya hablaremos de eso.

Con todo cariño:

Papá

IX

16 de febrero de 2000

Queridos Jorge, Paola y Diego:

A veces sueño con el abuelo. Me veo de pequeño, agarrado a su cintura, cabalgando en su caballo blanco por los bosques de San Juan Sacatepéquez, como aquella mañana en que le dieron la noticia.

Fue el 1 de enero de 1963. Estábamos en Santa Clotilde. Por la mañana estuvimos todos juntos en Misa, y luego el abuelo y yo nos fuimos a caballo a felicitar el Año al doctor Argueta, que vivía cerca.

Fue entonces cuando le dijeron que mi mamá se había puesto mal.

Regresamos inmediatamente. Había sufrido un derrame cerebral. Se la trajo enseguida a Guate y la ingresó en el Hospital Bella Aurora, donde la operaron los doctores de la Riva y Sosa.

Estaba muy grave. Había perdido la consciencia, que no volvió a recobrar. Aquello fue un golpe durísimo. Fue la primera vez que vi llorar al abuelo.

Los médicos dijeron que había que enfriarla, para evitar que se alteraran los signos vitales. Y él, que sabía que mamá detestaba el agua fría, la fue poniendo, día tras día, en camas de hielo.

No había nada que hacer. Sólo estuvo ocho días en el hospital, donde la operaron varias veces, sin resultado alguno. Al final se la trajo a casa con medio cuerpo paralizado.

Alquiló una cama del hospital, y quiso que la forraran con tela, como un detalle de cariño con ella. Mi mamá seguía inconsciente, sin hablar, ni poder comunicarse de ningún modo.

No podía cerrar los párpados, y se le empezaron a ulcerar los ojos, aquellos ojos bellísimos que tenía.

Entonces el doctor de la Riva dijo que tendrían que cosérselos. Se ocupó de esa triste tarea el doctor Arturo Quevedo, y el abuelo le estuvo ayudando, con el corazón destrozado.

La enfermedad duró mes y medio. Fue una época muy dolorosa. El abuelo –que sabía perfectamente que la abuela, salvo un milagro, nunca recobraría el conocimiento–, actuó con gran fortaleza. La atendió en todas las necesidades, hasta las más materiales; y aceptó sin rebeldías la Voluntad de Dios, sin dejar que se crease un ambiente de tragedia. Habló con mis hermanos mayores para ayudarles a afrontar la situación y procuró que mi mamá recibiera toda la atención espiritual posible.

Venían muchos amigos a consolarle; y cuando se marchaban, tenían la sensación de que era el abuelo quien les había consolado a ellos.

Él sólo le pedía a la Virgen que se la llevara en un día de sábado. La Virgen le escuchó: mamá falleció el sábado 16 de febrero de 1963.

Por eso he querido fechar esta carta hoy, cuando se cumplen los treinta y siete años de su muerte.

La velaron aquí, en esta misma casa, y Mons. Rossell, el Arzobispo, que los quería tanto, estuvo en la vela y ofició una Misa de cuerpo presente en su habitación.

Todo esto me lo contaron el abuelo y mis hermanos con el paso de los años, porque yo no recuerdo prácticamente nada de aquel mes y medio. El abuelo presintió que el desenlace vendría pronto y me envió a casa de un amigo suyo dentista, Manolo Lara.

Estaba convencido de que la abuela intercede por nosotros desde el Cielo. Pocos años antes, en las Navidades de 1957, don Antonio les había dedicado un ejemplar de *Camino*, evocando una frase del fundador del Opus Dei: *Doctor: que Camino le ayude a usted y a su esposa a buscar a Cristo, a encontrar a Cristo, amar a Cristo.*

Y decía el abuelo: **Esos buenos deseos se han cumplido: en mi esposa, en toda su plenitud desde el momento en que fue recibida –tengo la seguridad moral, porque fue muy buena– en el Seno del Señor. Y en mí, la esperanza de llegar allí mismo.**

Tras su muerte, encargó que se dijese una Misa por ella todos los sábados a las seis de la mañana, en la iglesia del Seminario, donde acudía como médico para atender –gratuitamente– a los seminaristas; y años después, en la iglesia del Sagrado Corazón. Durante más de veinte años asistió a esa Misa ofreciendo el sacrificio de levantarse a esa hora tan temprana. Yo le acompañé en alguna ocasión.

Mi mamá se nos fue muy pronto; cuando mi papá era un hombre joven. Joven... ¡de adentro! Tenía 64 años y fue para él un golpe muy duro, porque habían sido profundamente felices en sus treinta años de matrimonio.

Por eso, uno de sus amigos se sorprendió al verle tan sereno durante los funerales.

—**Es bueno que sepas** —le comentó cariñosamente— **que esto no se improvisa.**

Le quiso decir que llevaba muchos años aceptando la Voluntad de Dios y preparándose, si Dios lo disponía así, para ese trance, para ese momento.

La vida siguió su curso. El año siguiente, en junio de 1964, se casó mi hermana, la tía Sofía. Yo tenía ocho años. En los meses siguientes el abuelo estuvo preparando el homenaje que el pueblo de Guatemala deseaba ofrecer a Mons. Rossell en sus bodas jubilares. Formaba parte de la Comisión que se encargaba de preparar los escritos y puso, lógicamente, todo el cariño en esa tarea.

El jueves 10 de diciembre comenzaron los festejos. A las nueve de la mañana, según el programa previsto, llegaron miles de monjas de diversas congregaciones religiosas para saludar al Arzobispo. El programa incluía la Santa Misa, una serie de recepciones y la consagración del nuevo presbiterio y del altar de la Catedral.

Pero Dios quería que aquel hombre santo celebrara aquella fiesta en el Cielo. Aquella mañana sufrió un infarto, lo llevaron al Sanatorio Herrera y falleció poco después, a las diez y cuarto. Hubo una gran consternación en el país, y su muerte supuso un dolor muy grande para el abuelo.

Estuvo íntimamente mezclado en mi vida –escribía–: diría que fue luz y oriente casi desde mi venida a Guatemala.

Fui presentado a él precisamente por Piedad García y desde el primer momento participó en todos los sucesos de mi vida, como el consejero oportuno e ideal.

Puso luz, amor y sano consejo en mi vida de familia; seguía mi labor en el hospital; gozó conmigo en la Colonia; fue luz oportuna en el Hospicio.

No hay prácticamente ningún suceso en mi vida al que no haya estado en primer plano: discreto, sencillo, oportuno, eficaz.

Yo suelo decir que fue él quien me hizo entrever un camino luminoso, del cual estaba recibiendo el llamado.

Fue nombrado Arzobispo Mons. Casariego, que luego sería Cardenal. ¿No les recuerda nada ese nombre? Era aquel niño huérfano, que trabajaba de limpiabotas, al que Mons. Rossell había cuidado cuando era pequeño. La vida da a veces giros sorprendentes.

Otro giro sorprendente: el abuelo se vio, a los 65 años, con un niño chiquito, que era yo, al que tenía que educar y atender. Era, en la práctica, como un hijo único, porque en 1964 mis hermanos Ernesto, Clemencia y Sofía ya estaban casados y Roberto se fue ese mismo año a estudiar Medicina a Navarra.

El abuelo intentó suplir, en la medida de sus fuerzas, el cariño de una madre, aunque yo no me había quedado desamparado, porque en esa época ya se había venido a vivir con nosotros la abuela Sofía, a la que él llamaba «madre» y nosotros «Mamía».

Mi mamá presentía que ella se iba a ir antes, y desde muy temprano procuró que me pegase mucho a él. Por eso, desde niño, le acompañaba a hacer sus visitas a los enfermos y me quedaba esperándole en el carro. Estábamos muy, muy unidos.

Él pensaba, lógicamente, que mi mamá iba a sobrevivirle: ¡le llevaba once años! Pero Dios sabe más.

Tras la muerte de mamá, el trato con mis hermanos se dulcificó. Por lo que me han dicho, antes les exigía bastante, porque contaba con el contrapeso del cariño de mamá. Pero a raíz de aquellos sucesos, cambió. Y una de sus grandes ilusiones era verme crecer. **¿Veré a mi hijo pequeño salir de bachiller?** —se preguntaba—. **¿Le veré entrar en la Universidad?**

Y cuidó mí como si fuera un papá joven de veinte años. ¡Ahora me doy cuenta de tantas cosas! Me decía:

—**Prepárate, José Luis: ¡la semana que viene nos vamos a Río Dulce!**

Con casi setenta años, pienso yo, no le haría demasiada gracia irse a Río Dulce; pero me llevaba y hacía todo lo que pudiera divertir a un niño de diez años. Solíamos ir los días menores de la Semana Santa, de sábado de Pasión a Miércoles Santo. Viajábamos a Tikal y nos hospedábamos en un *bungalow* incómodo, que tenía el encanto de estar en plena selva. Aún me veo por la noche, a su lado, en la oscuridad, escuchando el aullido de los monos...

Fue mi mejor amigo. No sé cómo expresarlo: nos teníamos un cariño bárbaro. Tras la muerte de mamá podía haberse recluido en sí mismo, dedicándose a hurgar en sus penas y a llorar su ausencia; pero pensó en nosotros y luchó contra su tristeza. Comprendió que sus hijos, y especialmente yo, que era un niño, necesitábamos su alegría y su sonrisa.

Es un don de Dios saber sobreponerse en esas circunstancias. Siempre he pensado que ese don se lo procuró mi mamá desde el Cielo, de manos de la Virgen.

Y pocos años después, en mi juventud (porque, aunque no se lo crean, yo también tuve quince años) yo sabía que si le contaba cualquier problema, por grave que fuese, me diría cómo había que solucionarlo, sin asustarse de nada. Confiaba plenamente en él. Le echo tanto de menos... ¡Me gustaría poder preguntarle tantas y tantas cosas!

Me escuchaba y me comprendía, a pesar de la diferencia de edad: piensen que nos llevábamos la friolera de... ¡cincuenta y siete años!

Luego —es ley de vida—, cuando se vio sin fuerzas, a él le tocó confiar en mí.

Pero esto lo dejamos para la próxima carta. Muchos besos. Continuaré dentro de pocos días.

Papá

X

18 de febrero de 2000

Queridos Jorge, Paola y Diego:

Como tantos cristianos, el abuelo tenía la ilusión de ir a Roma y peregrinar hasta la tumba de San Pedro. Cumplió ese deseo en octubre de 1965. Hizo una escala en España, donde visitó algunas iniciativas apostólicas del Opus Dei, como Tajamar, en un barrio obrero de Madrid; y Molinoviejo, una casa de Retiros cerca de Segovia.

Desde Madrid viajó a Roma y se cumplió su sueño: estuvo cerca del Vicario de Cristo y oró ante la tumba del Apóstol Pedro.

El 9 de octubre un sacerdote que comenzó el trabajo apostólico del Opus Dei en México, don Pedro Casciaro, le acompañó hasta Villa Tevere, donde vivía el Fundador. Lo que les cuento procede de las notas que tomó el abuelo nada más terminar aquel encuentro.

El abuelo era consciente de la trascendencia de aquel encuentro: **De un momento a otro** —escribió— **se presentaría el Padre y yo me extrañaba de no sentirme temeroso o inhibido. Solamente estaba ansioso, como** un hijo que por muchos años no ha visto a su padre: era un sentimiento de confianza acompañado de mucho amor.

A la hora cero de mi vida se abrió la puerta de la salita y apareció en el umbral el Padre: de talla mediana, de cabello negro, de rasgos agradables; su paso era firme, desenvuelto; una sonrisa acogedora iluminaba su rostro.

Le impresionó la alegría del Fundador. Lo mismo le sucedió, en un encuentro con él, a don Samuel, un empresario amigo del abuelo, de raza y religión judía, cooperador del Opus Dei, del que les hablaré en otra carta. Don Samuel se vio en la obligación de recordarle que él era judío. Y el fundador le dijo:

—¡Ven a mis brazos, hijo mío, porque tú también eres hijo de Dios!

Y escribía el abuelo: **Dice don Samuel que nadie lo ha recibido con expresiones de más sincero y efectivo cariño.**

Las primeras palabras del Padre, antes de que tomaran asiento, le desconcertaron:

—Hijo mío: ¿qué es lo que vienes a ver? Yo no soy nada más que un pobre pecador. Tengo muchas faltas, y ¿sabes, hijo? de algunas me doy cuenta y rectifico, pero temo que otras me pasen inadvertidas...

Le habló de amor al Papa y a la Iglesia, recordándole algunos principios cristianos para que los transmitiese a los demás. «Urge tener doctrina clara», le dijo, preguntándole con tono afectuoso:

—¿Está claro, hijo mío, lo que te estoy diciendo?

Le insistió en la necesidad de querer a todos, sin distinciones:

— ¡A todos los debemos amar, aunque no piensen como nosotros, aunque estén en contra!

Le aconsejó que respetara las libres opciones culturales, políticas, ideológicas, etc., de los demás, aprendiendo a ceder.

—Eso no quiere decir —le aclaró— que una cosa está bien cuando está mal. En lo que no debes ceder es en la doctrina de la Iglesia. Eso ya no es tuyo y por lo tanto cabe mantener una santa intransigencia. Con amor y comprensión puedes acercar muchas almas a Dios; pero con discusión y polémica sólo lograrás alejarlas...

Y de vez en cuando le decía:

—¿Ves, hijo mío? Yo soy solamente un pobre pecador. Todos debemos sentirnos pecadores ante Dios Nuestro Señor.

Le comentó que en el Opus Dei hay una misma vocación para todos, sacerdotes y laicos, solteros y casados:

—Que quede claro: no es una vocación diferente para los sacerdotes, para los numerarios y para los supernumerarios. Es una misma vocación que Dios ha querido darnos a todos, en el lugar y las condiciones en que nos encontró el Señor.

Por tanto, todos debían alimentarse del mismo puchero: el amor a Dios.

—En el Opus Dei todos comemos del mismo puchero: no hay uno para mí y otro diferente para ti: es el mismo. Tú metes tu cuchara y tomas, como hago yo.

Al terminar le dijo unas palabras que se le quedaron grabadas en el alma:

—Dios quiera que tú y yo podamos comer de este puchero en el Cielo...

Aquella larga entrevista, de más de una hora, dejó una honda huella en su vida. Fue una confirmación y un resello de su entrega a Dios. Una entrega que fue muy generosa, desde muchos puntos de vista; también desde el económico: piensen que con el dinero que había ganado, podía haberse comprado una gran mansión y haber disfrutado de todo tipo de comodidades; pero decidió seguir en esta misma casa, con los mismos muebles que tenía cuando se casó, viviendo sobriamente.

¿Y qué hizo con su dinero? Darlo a manos llenas a los demás: a sus hijos, a la Iglesia, a los apostolados del Opus Dei, a las personas necesitadas. La casa de San Juan, por ejemplo, donde fue tan feliz con mi mamá, la donó para que se hicieran iniciativas sociales de alfabetización y educación de adultos.

No se preocupó por ostentaciones vanas. En toda su vida de casado sólo hizo un viaje a Europa con la abuela, como les he dicho, y fue un viaje de trabajo del que se derivaron grandes bienes para Guatemala, porque trajeron la vacuna contra la tuberculosis. Sólo estrenó uno o dos carros nuevos en toda su vida: el resto fueron de segunda mano. Vivió siempre con lo justo, sin excesos.

Diez años después, en 1975, el abuelo volvió a estar con el Fundador, cuando vino a Guatemala. **Viene con un exclusivo propósito** —escribió—: **hablar de Dios y esto es lo** que lleva a cabo, tanto en reuniones limitadas o individuales, como en las grandes tertulias, a las cuales asisten miles de gentes. A pesar de las dimensiones gigantescas de estas tertulias, no llega a perderse el ambiente de familia. En ellas –como lo hemos visto en varias películas– el Padre se entrega sin medida.

En un largo escrito relata con detalle la llegada del Fundador a Guatemala el 15 de febrero de 1975. Cuenta el cansancio que traía el Padre, después de muchas semanas de catequesis por distintos países de América y del episodio de gripe que sufrió nada más llegar. Esa enfermedad le impidió reunirse con los cientos de personas que deseaban verle.

A causa de su estado de salud, el Padre sólo tuvo tres encuentros. El abuelo estuvo en uno de ellos, que se celebró el 18 de febrero, con sacerdotes.

Se preguntarán por qué estuvo precisamente en ése. Muy sencillo: porque tuvo lugar en Ciudad Vieja, junto a la oficina donde el abuelo trabajaba, y lo siguió desde su ventana.

Para mí –decía– fue ésta la primera vez que podía ver el Padre en Guatemala, a quien recordaba perfectamente en mi visita a Roma en 1965. El verlo y oírlo me proporcionó sentimientos encontrados: por una parte de alegría, pero por otra de pena, al darme cuenta de que el Padre no se encontraba bien.

El eco no tenía el vigor que yo le conozco –que es apreciable en las películas que fueron tomadas–; sus gestos carecían de la vivacidad que le es habitual; la expresión de sus rasgos era dulce como siempre, pero sin esa fuerza que le es habitual.

Podría decirse que estaba haciendo un esfuerzo, un esfuerzo tal vez inaparente para los que no le habían visto antes.

Lo que sí permanecía invariable era el contenido de lo que decía, el vigor y la fuerza de sus argumentos, la rapidez y oportunidad de sus respuestas, la enorme carga espiritual que llevaba todo lo que expresaba.

Se le quedaron muy grabadas las enseñanzas del Fundador, que trataron, lógicamente, de temas sacerdotales. Dijo que los sacerdotes debían dedicar tiempo al sacramento de la confesión; predicar la Palabra de Dios con fidelidad a la Fe; prestar obediencia y respeto a su Obispo; y manifestar su amor a la Eucaristía.

Al terminar, el abuelo se acercó para saludarle:

—¡Qué alegría me da verte, hijo mío! —le dijo el Padre—. ¡Que Dios te bendiga!

Ese mismo día, a las cuatro de la tarde, fue con sus amigos Rafael y Mary de Piñol, que habían ayudado en tantas iniciativas apostólicas, y estuvieron durante unos instantes con el Fundador, que quiso recibirles a pesar de estar muy enfermo.

Llegó el Padre a la sala en la que nos encontrábamos —escribe el abuelo—, siempre con su aspecto de cordialidad y de cariño. Y de entrada dice a Mary:

—Hija mía, sé de la valiosa ayuda que has venido prestando a la Obra, y te lo agradezco de todo corazón.

Y le responde Mary:

—Padre, mi marido y yo hemos sido muy felices de poder servir a la Obra y somos nosotros los agradecidos de haberlo podido hacer.

Y con la rapidez y expresión sincera que es propia del Padre, la respuesta fue:

—En efecto, hija mía; si tú no me lo hubieses dicho, te lo hubiese dicho yo: ¡debemos estar agradecidos de que Dios nos permita servirle!

El tiempo pasó veloz; estábamos conscientes de que el Padre tenía que hacer un esfuerzo, cuando en realidad debió estar descansando.

Y nos dice:

—En este mundo todos somos viajeros. Os voy a dar la bendición de viaje.

Pocos minutos fueron, pero dejaron en Mary y en mí un profundo sentido de agradecimiento... Y se hizo más claro que debemos dar gracias a Dios cuando nos permite servirle.

Hay muchos escritos más del abuelo. Pero lo dejo por hoy, porque se ha hecho tarde. Como dijo el poeta, *las once dan; yo me duermo/ quédese para mañana.*

Con todo cariño:

Papá

XI

30 de marzo de 2000

Queridos Jorge, Paola y Diego:

He estado pendiente de las noticias del viaje del Papa a Tierra Santa que han dado por televisión. Tanto, que me hubiera gustado grabarlas todas. A propósito, Jorge, ¿te acuerdas cuando le ayudabas al abuelo a sintonizar los canales, porque aunque él había preparado su propio manual, se le dificultaba muchísimo...?

Este viaje del Papa ha sido un hecho histórico inolvidable. Dios le ha concedido uno de sus grandes deseos: rezar en el Sinaí, en Nazaret, en Belén, en el Santo Sepulcro...

Me interesaba especialmente el encuentro del Papa con los Rabinos, y ahora les diré por qué. He podido *bajar* el texto de internet, y éstas son las últimas palabras del discurso:

«Mucho es lo que compartimos. Mucho lo que podemos hacer juntos a favor de la paz, de la justicia, de un mundo más humano y fraterno. Que el Señor del cielo y de la tierra abra ante nosotros una nueva y fructífera era de respeto y cooperación mutuos, para beneficio de todos».

Son las mismas ideas, en síntesis, que dijo, hace casi treinta años, don Samuel Camhi, un amigo judío del abuelo, del que les hablado.

Don Samuel era un empresario muy conocido en Guatemala, y en su casa querían tanto al abuelo que le llamaban «el tío Neto». Yo tengo amistad con alguno de sus hijos.

El abuelo le conoció por medio de don Salomón Elías, su apoderado, que se lo presentó a comienzos de los años sesenta. Le pidió unas becas para universitarios de escasos recursos de Ciudad Vieja y se hicieron grandes amigos. Tenían muchas cosas en común: eran casi de la misma edad; habían conocido el dolor en su niñez, aunque la infancia de don Samuel estuvo especialmente marcada por el sufrimiento; y compartían un gran deseo por ayudar a la infancia y a las personas necesitadas.

Don Samuel había nacido en Esmirna, en el seno de familia sefardita, muy pobre, y se había quedado huérfano de padre a los dos años. Su madre se fue a vivir con sus tres hijos a Jerusalén, donde pasaron mil penalidades, y acabó dándolo en adopción a un matrimonio sefardita, los Camhi, cuando tenía cuatro años.

Eso le afectó mucho. Eran los años de la Primera Guerra Mundial y se le quedaron grabadas las imágenes de los niños desnutridos y harapientos, vagando por las calles de Jerusalén. Había empezado a estudiar en una escuela de origen francés, pero la cerraron al terminar la guerra, y perdió la oportunidad de estudiar en París.

¡París! Quizá, si la historia hubiera seguido otro curso, hubieran coincidido en Francia... Los dos tenían *el sueño de París*: era el sueño hecho realidad del abuelo y el sueño imposible de don Samuel.

150

A comienzos de los años veinte murieron los padres adoptivos de don Samuel, que se quedó solo de nuevo. Decidió emigrar a América y llegó en 1924 a Guatemala, sin nada. Tres años después ya había puesto una tienda pequeñita, el almacén *Mi Amigo*; y cuando el negocio comenzaba a marchar... se desató la famosa crisis del 29 y tuvo que comenzar otra vez, casi de cero.

Y así, venciendo mil dificultades, fue prosperando, a fuerza de trabajo, y fundó un negocio de ropa de niños, otro de juguetes y una fábrica de tejidos.

Fue en esa época cuando conoció al abuelo. Se hicieron amigos enseguida y en 1963 don Samuel estuvo en Junkabal, un centro dirigido por mujeres del Opus Dei que está ubicado en la zona 3, junto al basurero. Una zona de pobreza increíble.

Don Samuel, al ver la ayuda que daban a aquellas mujeres tan necesitadas, prestó enseguida su apoyo económico. Y años después, el 15 de mayo de 1971, cuando se inauguró el nuevo edificio de Junkabal, el abuelo hizo un gran elogio de su amigo:

–Don Samuel ha sido un comerciante de clara visión, que ha logrado llevar mucho dinero a su caja de caudales...

Pero esos caudales han ido saliendo por la puerta de su corazón para hacer buenas obras: lleva pan donde hay hambre; alegría donde hay lágrimas; y posibilidad de mejoramiento donde se necesita, como en esta escuela de Junkabal.

Por eso, cuando conoció el espíritu de servicio que anima las obras del Opus Dei, cuando conoció Junkabal, se enamoró de esta iniciativa y desde 1964 ha prestado

151

toda su colaboración. Gracias a don Samuel hemos terminado Junkabal, destinada a todos los que aspiran a mejorar, sin tomar en cuenta diferencias de raza, condiciones sociales, económicas o religiosas.

Ha cumplido aquí lo que se prometió en Jerusalén, cuando era niño, demostrando que tiene un gran corazón; y que un hombre vale lo que vale su corazón.

Don Samuel le escuchaba emocionado, y se le saltaron las lágrimas cuando se descubrió en uno de los muros de Junkabal una placa con esta inscripción:

Fundación Samuel Camhi
El Patronato, las profesoras
y las alumnas de Junkabal
a
DON SAMUEL CAMHI
En homenaje perenne
por su generosidad, altruismo
sensibilidad social y desvelo
por la juventud.

«*Este día es muy especial para mí* –dijo don Samuel– *porque Dios me ha dado la vida y la oportunidad de poder cumplir mis promesas de ayudar a los pobres. Agradezco de todo corazón lo que he recibido del Divino Creador del Universo.*

«*Los hebreos y los católicos deben cumplir con el mandato divino: 'Ama a tu prójimo como a ti mismo'. El egoísmo humano impide tantas veces que se cumpla; pero si todos pudiéramos disminuir el egoísmo y amarnos más, el mundo cambiaría*».

Durante ese tiempo, el 3 de octubre de 1969 la universidad de San Carlos le otorgó su máxima distinción: la medalla universitaria. Pocos meses después, el 26 de enero de 1970, a últimas horas de la tarde, le llamó Mary de Piñol para decirle que Sor María Teresa Vanegas había fallecido en accidente. **Las ruedas crueles de un tren arrollaron el coche en que viajaba** –escribía el abuelo– **y ella que cumplía su misión en Nicaragua, se fue al Cielo directamente.**

La súbita y tremenda noticia me dejó anonadado –decía, evocando sus años en el Hospicio: ...**una labor en que los días se sumaron para hacerse meses y años...**

Juntos estuvimos en la brega, juntos luchamos, juntos pasamos penas y alegrías...

Y es que realmente lo único que vale la pena de vivir es el amor; es el que transforma todos los actos de nuestra vida; es el que hace que las cosas pequeñas tengan un gran significado.

Cumplir la misión que da el Señor a cada uno en su puesto, sin querer salir de él.

Y nada más por hoy.
Con todo cariño:

Papá

XII

23 de junio de 2000

Queridos Jorge, Paola y Diego:

Pasaban los días y no sabía qué contarles sobre este período de la vida del abuelo –años 1972, 73 y 74–, hasta que, buscando entre sus papeles, he encontrado una larga carta que escribió justamente el 23 de junio de 1973. Por eso he querido fechar esta carta hoy, cuando se cumplen 27 años justos.

El abuelo tituló la carta «relato de un sábado», y se la transcribo tal cual.

Sábado 23 junio 1973

Lo que voy a relatar sucintamente sucedió en este sábado, día que siempre lo tengo más dedicado a tributarle a Nuestra Madre pruebas de tierno cariño filial.

En un lapso de tiempo de 8 horas me fue dable vivir una serie de situaciones que marcaron profundamente en mi alma, como saetas lanzadas con la fuerza, el amor y la comprensión del Espíritu Santo.

Las voy a relatar escuetamente para darles como salida de mi corazón, en donde están presionando.

A medio día teníamos un almuerzo en Altavista, nuestra Casa de Retiros –lugar encantador que parece liberarse

de la tierra para acercarse al Cielo–. Estaban allí: don Antonio, Enrique, Julio, Víctor y Óscar. Como invitada una amiga muy querida, María, que ha hecho mucho por la Obra. Yo también estaba de comensal.

¿De qué se trataba? De un almuerzo cordial en el cual íbamos a encaminar los arreglos para unos terrenos en los cuales construir el colegio de varones: el Roble.

Era pues un almuerzo de trabajo y la finalidad clara: ese colegio, venero de vocaciones de hijos y padres, lugar de formación para una juventud a la que se trata de confundir y de pervertir.

Termino el almuerzo y con ello comienzo el sueñecito que siempre me acogota por la costumbre de dormir una siesta modesta pero imperiosa.

Al término del almuerzo y pasada la tertulia, todo me convidaba a una corta y deseada siesta. Pero resultó que había contraído un compromiso y, qué le vamos a hacer, había que cumplirlo.

Se trataba de reunirme en Junkabal –nuestra escuela de capacitación para la mujer– con un grupo de muchachas estudiantes de Medicina con las cuales nos proponíamos llevar a cabo un estudio médico de las alumnas de dicho plantel.

Actuaba de *leader* del grupo –eran cinco– una joven de 19 a 20 años, que refleja en su rostro lo que lleva en su corazón. Allí las encontré atareadas en los exámenes para lo cual les di alguna orientación.

Trabajamos unas dos horas y al terminar Beatriz, nuestra joven *leader*, logró poner en práctica su idea: llevar a sus compañeras a la meditación y Bendición que tendría lugar en Verapaz, Residencia de Estudiantes Universitarias, y allí pasé a dejarlas, en donde se reunieron con un grupo bastante numeroso de muchachas.

En Junkabal se encontraba la Directora trabajando con dos de sus asistentas, entre ellas Lidia, empleada en la portería y que además sabe realizar un activo apostolado (...). También estaba (no logro descifrar la letra) que había reunido a un grupo de empleadas domésticas que se encontraban en un Retiro llevado por don Antonio L.

Ya todo esto venía marcándose en mi espíritu, al ver a tanta joven en una labor de formación espiritual.

Llegué a mi casa alrededor de las 6: ¡ya había pasado la hora de la siesta! En mi mesa tenía un folletito con una homilía de nuestro Padre: Vida de Fe. Su lectura me fue especialmente grata. Sentía que mi capacidad de comprensión se había agudizado.

Hacia las 6 y 45 decidí ir al Centro de Estudios Superiores, a donde habitualmente suelo concurrir los sábados para aprovechar la Meditación que se da a los muchachos y naturalmente quedarme a la Bendición. Había un grupo de treinta o cuarenta.

Don Gustavo la daba a un grupo de unos treinta chicos que llenaban la pequeña capilla. Era su discurso bien hilado y profundo y decía algo así: el joven egoísta que no sabe o no quiere entregarse es como una semilla encerrada en una gruesa cápsula; no la puede romper y por ello no emerge al exterior; no se vuelve planta y no da fruto: muere como el avaro enterrado con su tesoro.

Después la bendición solemne, las nubes de incienso subiendo con las oraciones... Dormí bien esa noche y desperté un poco más tarde de lo que es habitual, serían las 6 y 30.

Sin sentirlo fueron desfilando por mi mente los sucesos del día anterior y al mismo tiempo un sentido más claro y profundo de los mismos.

He aquí que en el mundo en que vivimos, cuando hay una diabólica campaña para expulsar a Cristo de los corazones y hasta de su Iglesia, se puede tener la dicha de convivir con personas de toda categoría, edad y sexo, empeñados en lo contrario: en reinstalar a Cristo en los corazones: misión de apostolado y proselitismo, animada por el Espíritu Santo y sostenida por la Virgen.

Y yo tengo el privilegio de estar participando en esa ideal tarea.

Esto era algo habitual en él: cuando algo le impresionaba, lo ponía por escrito para dar gracias a Dios. Y si era testigo de un hecho que le hubiera gustado presenciar a otra persona, se lo relataba por escrito con detalle, como muestra de cariño.

Cuenta en otro escrito que el 28 de septiembre de 1973 fue a la Universidad para la graduación de uno de los primos. Tenía setenta y cuatro años y estaba tan bien de aspecto, que le solían decir:

–¡Neto: verdaderamente luces joven!

–**Pues tengo setenta y cuatro años.**

¿Sí? ¡Pues qué bien te conservas! ¡Yo te echaba diez o quince años menos!

El acto académico comenzaba a las ocho, en teoría, pero se retrasó como de costumbre, y terminó a las nueve de la noche. Cuando salió de la Universidad, estaba lloviendo a cántaros.

Las tías y los primos se quedaron charlando en los pasillos de la Facultad, y el abuelo se fue en carro a la casa de la tía, en el Boulevard de la Liberación, donde habían quedado para celebrarlo.

La zona universitaria estaba mal iluminada y caía el agua con tal intensidad que el limpia-parabrisas no lograba contener las ráfagas de lluvia sobre el cristal. En el área del Trébol mejoró la iluminación. Llegó hasta el semáforo que hay en el cruce con la Avenida de la Castellana y aparcó al otro lado del Boulevard.

Continuaba lloviendo a mares. Abrió el paraguas y comenzó a caminar hacia el Boulevard, hasta que se dio cuenta de que no podía cruzar al otro lado, porque bajaba un caudal de casi metro y medio. Los carros circulaban a toda velocidad, levantando grandes cortinas de agua a su paso.

¿Qué hacer? Una posibilidad era subir de nuevo al carro y bordear la calle; pero decidió ir caminando por una callejuela estrecha que había junto a un muro, para subir hasta el puente del ferrocarril y cruzar por encima de la carretera.

A su alrededor todo estaba oscuro y solitario. Sólo se veía, a lo lejos, la puerta iluminada de un templo evangélico. Avanzó hacia al puente, y cuando estaba a la altura del muro, sintió un golpe seco en el estómago, mientras un hombre le atenazaba el cuello con su brazo. Le estaban atracando.

Eran dos tipos. No pudo ver sus rostros durante el forcejeo. Lo tumbaron a empellones sobre el fango, y comenzaron a quitarle todos los objetos de valor que llevaba, muy nerviosos.

—¡Apúrate vos, sácale todo! —gritó el que lo tenía agarrado por el cuello, al ver que el otro no conseguía quitarle el anillo del dedo.

De pronto, le dejaron tendido sobre el lodo y se marcharon corriendo. A los pocos segundos se acercó un agente de policía, que se asombró al verle en aquella situación.

—¿Qué le pasó?

—**¡Me acaban de atracar dos hombres que se fueron corriendo para allá!**

El agente salió tras ellos, mientras que el abuelo, más confundido aún por este segundo encuentro (que significó para él —y así lo dijo siempre— como encontrarse con su Ángel Custodio), se incorporaba confuso y dolorido. Rescató su paraguas, semihundido en el barro, y comenzó a caminar entre la oscuridad, tambaleándose.

Cuando llegó a la casa y le vieron con el rostro lívido y el traje enlodado, se espantaron y comenzaron a preguntarle.

—**No se preocupen, no se preocupen. Estoy bien, no es nada...**

A las tías, que le ayudaron a cambiarse, les contó lo que había sucedido. Estaba bien, aunque le costaba tragar y sentía un dolor fuerte en la boca del estómago.

Para cualquier persona de su edad, un percance así supone, además de un susto considerable, una causa de desasosiego. Para el abuelo, que se esforzaba por *leer* la voluntad de Dios en todas las situaciones, fue como palpar el amor de Dios: y quiso ponerlo por escrito —empleando la tercera persona para referirse a sí mismo—, para no olvidarse nunca de aquella experiencia.

Todo lo sucedido no ha hecho sino afianzar en él su fe profunda, bien arraigada en Dios, pero un Dios que él

siente que está muy cercano, tan cercano que vive en su corazón, que se da a él en alimento diario, que está íntimamente mezclado a todas las actividades de su vida.

Para él es un hecho, del cual no tiene la menor duda, de que Dios le ha otorgado una vocación divina y lo ha llamado a su servicio, sin sacarlo de su sitio allí donde se encontraba: en medio del mundo, en el seno de su familia, esposa e hijos, en el ejercicio de su profesión, en toda su labor social.

Tampoco le queda duda de que, a pesar de su insignificancia, de su miseria y de sus errores, Dios se ha dignado hacerlo su instrumento para realizar muchas cosas en beneficio de los demás y para llevarles al mismo tiempo su Palabra, para acercarlos a Él.

Él sabe perfectamente que todo lo recibido son dones gratuitos para los cuales no puede pretender ningún merecimiento. Dones que él tiene que hacer producir y de cuya gestión tendrá que rendir cuenta, cuando el Señor determine el momento en que debe dejar este mundo.

En su mente y en su corazón se ha forjado el sentimiento de que Dios es para todos –y en especial para los que le aman– el Padre más amoroso y más cuidadoso que imaginarse pueda: mejor que todos los padres y madres juntos del mundo.

Por la Fe está convencido de que Dios trata a sus criaturas, pero a cada una de manera individual: con nombre y apellido. Su bondad no se ejerce simplemente sobre una muchedumbre o un desconocido, sino a una criatura determinada y parecida, a un *hijo* suyo irrepetible.

¿Cómo concebir que en el enorme, inconmensurable hormiguero que es el mundo, Dios pueda reconocer individualmente a cada una de sus hormiguitas?

La Fe nos dice que Dios es Omnipotente y por ello está en todas partes, en todo lugar y con cada una de sus criaturas.

Al mismo tiempo, Dios es AMOR, pero en un grado que nuestra mente humana no puede concebir. Tan grande es su AMOR que nos dio a su Hijo Unigénito para redimirnos.

Sólo de este modo puede concebirse que siendo nosotros menos que insignificantes, se ocupe en particular de cada uno de nosotros y se esfuerce para que nos acerquemos a Él.

Entendió también que, mediante aquel suceso, Dios le animaba a trabajar más en su servicio y a abandonarse en sus manos.

El pobre hombre, humillado, enlodado y golpeado, se levantó e inmediatamente se sintió fortalecido al admitir, asombrado, la intervención de Dios. *El Señor es mi luz y mi salud. ¿A quién temeré?*

En aquel accidente dramático el Señor se hizo presente a aquel hombre, le mostró su amor, le hizo ver que quería que siguiera trabajando, que produjera mucho, sin pensar si son muchos o pocos los años que aún le quedan de vida.

Y se creció en aquel hombre la confianza de Nuestra Madre – aquella que siguió a su Hijo en el cruento camino hacia el Calvario. La que estuvo al pie de la Cruz, aquella misma a quien Cristo dijo, antes de expirar: MUJER, HE AHÍ A TU HIJO.

A final de cuentas no sucedió nada grave: un tremendo susto, un traje enlodado, cara y manos en el fango, dolor en el cuello y en el vientre y unas pocas cosas perdidas... en realidad prácticamente nada.

Pero para este hombre lo sucedido ha tenido un significado muy hondo: sentir en su carne la presencia real y amorosa de Nuestro Padre Dios, protegiéndolo, salvándolo.

Lo sucedido a nuestro amigo es un privilegio que sin duda no muchos tienen la ocasión de vivir. Es necesario para ello haber estado consciente de encontrarse al borde de la muerte y haber sido salvado de manera milagrosa. Pero sobre todo saber, con firme convicción, que quien le levantó del suelo, quien le tendió su mano poderosa fue el mismo Señor: Él, que en su camino hacia el Calvario hubo de incorporarse sin ayuda, por tres veces, para poder llegar hasta la Cruz Redentora.

Otros escritos suyos tratan de cuestiones espirituales, familiares o médicas. Se comprueba en ellos que el abuelo fue, hasta el día de su muerte, un médico de los pies a la cabeza.

«Fue médico —afirma Alejandro— en el más amplio sentido de la palabra: médico es el que procura la salud de su paciente y lucha denodadamente contra la muerte, ejerciendo esa profesión con sublime abnegación; y el doctor, cuando era necesario, además de procurar la salud para el cuerpo, también procuraba la salud del alma».

He encontrado unas páginas conmovedoras que evocan la muerte de la abuela Sofía, *Mamía*. De pequeño me parecía natural que la llamara «madre», y que tuviera tantos detalles de cariño con ella. Ahora me doy cuenta de que mantuvo con su suegra una relación de afecto excepcional. Cocinaban juntos, la llevaba a todas partes y la cuidaba como si fuera su misma madre.

Mamía se fue apagando poco a poco a lo largo de 1973. En octubre comenzó a quedarse en la cama, y el abuelo iba a su cuarto, le leía un libro para que se distrajera, rezaba con ella y la consolaba.

En el mes de noviembre, con motivo de una recaída, escribió un largo relato, que tituló «los últimos días de una madre», como un detalle paternal hacia nosotros, sus nietos, para que supiéramos lo que sucedió durante aquellos días.

Como ven, hay siempre una razón de amor y de cariño en lo que hacía.

Jueves 15 de noviembre 1973

«La noche no había sido especialmente mala –se había dormido hacia las 11 pm y su sueño pareció normal–. Hacia las (no entiendo la letra) despertó con dolor –lo que sucede casi siempre– y le dieron una pastilla.

Esa noche dormía yo en su cuarto: le agradó sentirme cerca y probablemente es que –además del cariño– se siente como más protegida, haciéndome más a mano. Pasa en la enfermedad y en la vejez que se produce un retroceso a la niñez y a la infancia: y a los niños les gusta sentirse protegidos, como se duermen más tranquilos.

Mi despertador sonó a las 5.15, hora habitual. Ella me dijo: «no sé qué pasa pero me siento muy mal y no es por dolor». Ya esto había pasado el sábado anterior, cuando tuvo una crisis de taquicardia muy fuerte.

Y esto mismo era lo que estaba sucediendo: se había desencadenado una crisis de taquicardia con arritmia: el pulso era difícil de tomar y más aún de contar; la presión había bajado en la máxima. El malestar era grande.

Por de pronto se me ocurrió darle una pastilla de Segontus y esperar el efecto. No me atrevía a ponerle Digilamid por temor a producir acumulación.

Ya no me retiré de su lado y estuve al borde de su cama en donde hice mi oración acostumbrada.

A las 6.30 la dejé un rato para hacer mi toilette acostumbrada. Al regresar me dijo que seguía sintiéndose mal y que no la dejara sola: ella sabía que era mi hora de ir a Misa.

Allí me quedé: pulso incontable a 140 por minuto, bajo.

Llamo al Dr. Carlos de la Riva, consultándole el caso: me ofreció –y lo cumplió– venir pronto. Encontró el cuadro muy alarmante, con peligro de que el corazón entrara en fibrilación.

Llamamos al Dr. Alfredo Saravia y mientras tanto ya Carlos no se separó de su lado –naturalmente avisé telefónicamente a María y José Luis, sus hijos–.

Carlos de la Riva se comporta con mi madre como si fuera la suya. Cada vez que llega la besa en la frente y tiene para ella su voz más suave, más consoladora. Su mano de fino cirujano acaricia con la suavidad de una mano de niño.

Se queda a su lado, infundiéndole confianza: habla poco y inspira mucho.

Para mí es un gran consuelo tenerle cerca: me siento apoyado y comprendido.

Hacia las nueve –en menos de un segundo, se produjo lo que se llama (no entiendo la palabra). El pulso que estaba a 140 baja 88 y se hace regular; la tensión se normalizó. Así la encontró el Dr. Saravia [...].

Todavía estaban los colegas amigos cuando llegó don Juan, a quien rogué le trajera la Santa Comunión. –Es consolador verlo llegar y lo recibimos naturalmente con profundo respeto, en silencio.

En el centro estaba la mesita redonda con plancha de mármol cubierta con un tapete de lino, dos candeleros pequeños de cristal, el Cristo de mi cuarto, el que me trajo Roberto de España, una fuentecita de cristal con agua, el frasco de agua bendita y el sacerdote revestido, fervorosamente dice las oraciones preparatorias, que todos seguimos con devoción.

Llega el momento solemne: «He aquí el Cordero de Dios...» «Señor, yo no soy digna...» y la madre querida se incorpora para recibir el Cuerpo de Nuestro Señor Jesucristo... Bendición final.

Qué sensación de consuelo: diría que ya está «equipada» para su viaje final, que será cuando Dios así lo disponga en su infinita Misericordia: Él escoge el momento en que el alma está lista para volver a su Seno.

Ya veo el camino que se va ensanchando y se hace luminoso al fin de ese camino: Jesús con los brazos abiertos, como el padre del hijo pródigo, la espera, la estrechará contra su Corazón.

–Ya no más dolores, ya no más angustias. Ella que supo cumplir recibe la corona reservada a los justos– «la corona de vida que Dios ha prometido a los que le aman».

Esta es la verdadera conversión: en cosa de un segundo se pasa de la vida a la Vida. ¡Qué bueno sería darnos cuenta de este periodo trascendente! Pero nuestra naturaleza humana se abate y el mal del cuerpo inhibe el sentido del alma.

Pero en el fondo, qué estoy diciendo, sólo Dios sabe lo que pasa en aquel corazón. Dios es amor y amor es comprender, no poner límite a su Misericordia.

La bisabuela falleció el 31 de diciembre de 1973, el día de fin de Año, a la una y media de la madrugada. Casi exactamente diez años después de que mi mamá perdiera la consciencia.

Otro día seguiremos. Hoy me he limitado a transcribirles estas cartas, porque me parece que dejan al descubierto, en carne viva, el corazón del abuelo.

Con todo cariño:

Papá

XIII

Agosto de 2000

Queridos Jorge, Paola y Diego:

Nunca olvidaremos en la familia estos meses de julio y agosto. Hace años, tras la muerte del abuelo, cuando salió la estampa y comenzaron a llegar noticias de favores a personas que se encomendaban a su intercesión, nos parecía tan sobrenatural, tan... no sé cómo expresarlo, que, al menos yo, no me atrevía a imaginármelo. Era como un sueño, un don de Dios maravilloso.

Y ahora se está haciendo realidad. Por eso, cuando en la mañana del pasado 31 de julio se hizo público el Decreto de Introducción de su Causa de Canonización, en presencia del Arzobispo, no sabía qué pensar.

Estuve durante el acto, igual que mamá, rezando y dando gracias a Dios. Es un don de Dios tan grande que la Iglesia inicie su Causa de Canonización, y hayamos estado presentes...

Yo no sabía en que consistían estos actos. No había estado en ninguno. Luego me han dicho que ha sido el primer proceso diocesano de la historia de la Iglesia en Guatemala.

¡Qué responsabilidad! ¡Qué gran regalo nos ha hecho el Señor! En esos momentos le rogaba al abuelo que intercediese por nosotros, por ustedes, que quizá tengan la dicha de verlo en los altares —aunque nos sometemos de pleno corazón al juicio de la Iglesia—, para que sigan sus pasos, para que sean buenos cristianos y dignos nietos suyos.

Fue muy hermoso cuando el Arzobispo hizo público el *nihil obstat* de la Congregación de los Santos, declarando que esa Congregación daba su conformidad para la apertura de la Causa.

En esos momentos le pedía por toda la familia, por el Opus Dei, por Guatemala, por la Iglesia en todo el mundo y, en especial, por los jóvenes.

Estamos viviendo días históricos. Veíamos en la televisión, hace unos días, las imágenes de la Jornada Mundial de la Juventud, y a esos dos millones de jóvenes junto al Papa. Ya sé que a ustedes les hubiera gustado estar allí, pero no se podía estar en Roma y aquí al mismo tiempo, en estos días tan importantes para nosotros. Todo llegará.

En el futuro —¿quién sabe?— quizá estudien la carrera en Europa, como los tíos, y acaben conociéndose esos países como la palma de la mano. En esta familia somos muy viajeros... Yo fui el único de mis hermanos que estudié en Guatemala; y no porque no tuviese ganas de conocer mundo. Si les parece, les cuento esa historia con detalle.

Cuando me llegó el momento de ir a la Universidad, mi papá pensaba que debía darme las mismas oportunidades que a mis hermanos y me preguntó dónde quería estudiar. Pensaba que desearía irme a Estados Unidos, como mis amigos. Pero yo no quería separarme de su lado. Estaba convencido de que lo que pudiera aprender de un hombre como él era mucho más importante que lo que me pudieran enseñar en cualquier universidad del mundo; y le dije:

—Papá, voy a sacar mi postgrado en Guatemala. Quiero quedarme a tu lado.

Luego, en la Universidad intenté como alumno —y ahora, como profesor, lo sigo intentando— hacer las cosas lo mejor posible, procurando seguir sus pasos. Pero no es fácil. El abuelo tenía un alto concepto del trabajo desde el punto de vista humano, profesional y espiritual. **Muchas veces he leído y se me ha hablado** —escribía— **de lo que es el trabajo en la espiritualidad del Opus Dei; es un elemento esencial para nuestra santificación y la de los demás. Por lo tanto no cabe hacerlo de cualquier modo.**

Explicaba que el trabajo santificante y santificador **es aquel que llevamos a cabo con todo amor, con entusiasmo y con empeño de perfección: hacerlo cada día mejor, cada día más acabado, volver la cosa más insignificante un acto profesional.**

El trabajo debe de estar íntimamente mezclado, unido a la oración para que en realidad se transforme en oración. Y esto lo lograremos cuando cada trabajo se lo ofrecemos a Dios.

Si nos sale bien; dar gracias a Dios. Si nos sale menos bien o mal, no desesperarnos sino poner todo empeño para que la próxima vez nos salga mejor.

Entonces el abuelo estaba jubilado, lo que no significa que hubiese dejado de trabajar. ¡No piensen que se dedicaba a leer el periódico en el jardín! (Y eso que le gustaba mucho la lectura. Siempre me he preguntado cómo lograba leer con tanta intensidad, sin perder la presencia de Dios. Si se fijan, en muchos libros de la biblioteca hay unos papelitos pequeños, con jaculatorias escritas de su puño y letra. Se ve que los utilizaba para marcar las páginas y que escribía en aquellos momentos lo que le salía del alma).

Pero sigamos: aprovechó el tiempo libre de la jubilación... para trabajar durante varios años en Cáritas, ocupándose de la distribución de alimentos para cinco mil familias.

Nada le era indiferente. Ante un determinado problema, procuraba hacer todo lo que podía, fuera mucho o poco, para remediar la situación. Tras el terremoto de 1976 se puso al frente de un comité, formado por profesionales y estudiantes, para ayudar a las gentes de Sajcavillá, una aldea cercana a San Juan Sacatepéquez.

Allí, bajo su dirección, los estudiantes de Ciudad Vieja y sus amigos pusieron en marcha una escuela, ayudaron a reconstruir la iglesia y la plaza central, instalaron letrinas y otros servicios. El abuelo fue muchas veces a esa aldea y alentó la creación de la Fundación para el Desarrollo integral, que sigue trabajando en beneficio de esa población.

Quedaron muchas zonas del país en ruinas. Fue un desastre inmenso; pero en aquellos momentos dramáticos no se quedó en lamentos estériles ni se planteó proyectos irrealizables, fuera de su alcance. Estudió, con sentido realista, qué podía hacer, y lo hizo.

El 16 de noviembre de 1979, celebró las Bodas de Oro de su profesión. Le hicieron un homenaje al que respondió evocando en primer lugar, la figura de la abuela:

Profesión y vida son inseparables: al lado de actividades médico-profesionales y sociales, está la vida del hogar

y salta impetuoso del corazón, donde dormita, el recuerdo vivo de la esposa querida, Clemencia Samayoa, con quien la bendición de Dios nos uniera en 1933 y nos mantuviera en sólida y amorosa unión hasta 1963, cuando fue llevada a su morada de paz.

A ella debo –ya lo reconocí estando presente en la celebración de mis Bodas de Plata profesionales– lo que pude realizar. Ella fue aliento en los momentos difíciles; ánimo en los fracasos; alegría en el hogar que vinieran a colmar cinco hijos...

A ella mi tributo de invariable amor; me dejó cuando supo que estaba fuerte para seguir mi camino, un camino que –sucesos que ella conocía– había hecho luminoso y con clara visión de una meta.

Cierro la página y dejo encerrado entre sus hojas este pétalo de rosa que transciende aromas de amor...

Evocó luego sus años en París y la figura de sus profesores.

Tuve maestros excelentes, todos muy queridos viven en mi recuerdo, ocupando un lugar indiscutible de preferencia el Profesor Roberto Debré, quien nos dejara en fecha no lejana, cumplidos 96 años de una vida prodigiosa de trabajo en todos los campos de la pediatría, con amorosa predilección por la pediatría social

Cuando declinaron sus fuerzas físicas, persistió su clarividente producción mental: de esa época son dos libros excelentes *El Honor de vivir,* relato de su carrera, y *Venir al mundo*, expresión de su respeto a la vida incipiente.

Le visité algunas veces, la última hará 5 ó 7 años: solía llamarme *mon petit-fils*, mi nieto. Recuerdo el último almuerzo en su casa de calle de la Universidad, alrededor de una mesa redonda, el maestro y yo en *tête a tête*, degustando un plato que el sabía ser de mi agrado.

El 30 de marzo fue nombrado Miembro Honorario del Colegio de Médicos y Cirujanos de Guatemala. Aquel día, después de recibir el homenaje, en el que se hacía mención de sus logros profesionales, hizo una especie de testamento profesional y espiritual, que tituló **Un mensaje de un pediatra a sus colegas.**

Les transcribo el guión del discurso. La redacción algo confusa, porque se trata de unos apuntes para hablar en público.

Realmente nos encontramos todos inmersos en un ambiente de sincera y cálida amistad, que convida a la confidencia, [a hablar de] aquellas cosas de las cuales se suele hablar tan sólo con los que están cerca del corazón.

Se ha comentado con detalle y con delicada complacencia, nacida precisamente de la amistad, lo que han sido mis actividades en los diversos campos durante este largo recorrer de 50 años.

Es natural que haya quedado en el lugar discreto que le corresponde, algo que ha desempeñado en un momento dado una orientación nueva a mi vida.

Sucede con mucha frecuencia que en el correr de la vida –en nuestro diario e intenso caminar– vayamos levantando el polvo del camino; lo mismo sucede con los que nos rodean. Este polvo que se levanta se va depositando insensiblemente al cristal de la ventana que tiene por función mantener la claridad en nuestra vida interior.

Como el proceso es muy lento –podía decir imperceptible– es explicable que de momento no sea notoria su existencia y poco a poco va disminuyendo la luminosidad y nos va llevando a un estado de semi-tiniebla.

Con menos luz, las cosas que nos rodean se van haciendo menos aparentes, menos notorias. De este modo vamos perdiendo el sentido de las cosas que no están donde deberían estar, que se nos esconden, que se disimulan; y es así como, por el acostumbramiento, ya no vemos los detalles.

Esto nos sucede cuando paulatinamente nos vamos desacostumbrando a notar en todas las cosas la presencia de Dios; de manera abstracta sabemos que está en alguna parte, y no es raro que vayamos posponiendo para mejor ocasión el relacionarnos con Él; de lo que sí podemos estar seguros es de que Dios no nos olvida ni un solo momento...

He leído repetidas veces un pensamiento de Monseñor Josemaría Escrivá de Balaguer –Fundador del Opus Dei– que ha tenido la fuerza de penetrar muy hondo en mí y abrir mi mente a la meditación. Dice así:

«La vocación enciende una luz que nos hace reconocer el sentido de nuestra existencia. Es convencerse, con el resplandor de la fe, del porqué de nuestra realidad terrena. Nuestra vida, la presente, la pasada y la que vendrá, cobra un relieve nuevo, una profundidad que antes no sospechábamos. Todos los sucesos y acontecimientos ocupan ahora su verdadero sitio: entendemos adónde quiere conducirnos el Señor, y nos sentimos como arrollados por ese encargo que se nos confía».

Este pensamiento, a paladear con la mayor delicadeza para que se vaya infiltrando en nuestra intimidad, nos va llevando por nuevos derroteros...

Y se va destacando con cierta luminosidad un hecho que es esencial: por el hecho mismo de poseer una naturaleza humana —dotada de tantísimos privilegios— se nos va haciendo evidente que tenemos que haber venido al mundo con una especie de «instructivo» que nos lleve a tener la actuación que como seres humanos nos debe corresponder.

Así nos asomamos a intuir o a conocer a fondo lo que es la existencia de la Ley Moral Natural, y de su elemento de apreciación que es la conciencia, como una realidad bien trazada, que ya no es aquello en cierto modo antojadizo que usábamos para dar sentido a ciertos de nuestros actos.

Nos pasmamos de la riqueza que tenemos en valores cristianos auténticos, y vemos que hemos despreciado el oro puro a cambio de baratijas.

De esta manera, cada vez es más claro el hecho de que no cabe aducir o buscar contradicción entre la ciencia y la religión: ¿Cómo es posible que lo hayamos creído, cuando es tan evidente que el Autor de ambas tan sólo puede ser Dios?

Es entonces que vemos que lo que nos corresponde es buscar con afán a Dios en todas las actividades de nuestra vida, ponerlo en la intimidad y en la cumbre de ellas.

Pero ¿cómo ha podido suceder este cambio? Es posible que haya sido un amigo, un cristiano corriente tal vez, igual a ti, el que te descubrió este panorama de asombrosa profundidad que a veces es como si tuviéramos miedo de aceptar, espantados por lo que nos parece tan profundo e insondable...

Llevarnos al conocimiento —al amor— de estas realidades, fue la labor a la que dedicó (...) su vida el Fundador del Opus Dei, desde el 2 de octubre de 1928; labor que no ha cesado y que ha lanzado (...) a voleo la semilla espiritual.

¡Qué extraña pareció al mundo, en sus inicios, esta prédica, que afirmaba que todos los caminos de la tierra pueden ser divinos! ¡Qué hondo significado! ¡Y qué nuevo [resultaba] entonces el afirmar que la santificación –es decir, la relación con Dios– está al alcance de todos, cualquiera que sea su edad, su posición, su cultura, o su profesión u oficio...!

Para nosotros, los médicos en particular, se abren amplios horizontes. Nosotros vivimos inmersos en el dolor, los sufrimientos y la muerte; pero también vemos de cerca la recuperación, tan cercana de la resurrección.

Tenemos que admitir el privilegio de haber sido escogidos como instrumentos de Dios.

Es por ello que debemos tener una noción muy clara de la posición que nos toca asumir como médicos y defendernos contra aquellos que nos quieren hacer instrumentos de quién sabe qué vesánicas intenciones. Recordemos una frase orientadora del Profesor Jérôme Lejeune, Profesor de Genética Fundamental en la Sorbonne que dice: «Durante milenios la Medicina ha luchado por la vida y la salud, contra la enfermedad y la muerte. Toda inversión del orden de estos términos cambiaría enteramente la Medicina misma».

He buscado algún otro suceso de esta época, de comienzos de los años ochenta, y he encontrado lo que les dijo a sus amigos el 4 de junio de 1979, la víspera de su cumpleaños: ¡ochenta años!

Comenzaba así: «Aquí estamos entre verdaderos amigos; no me da pena ser indiscreto conmigo mismo y descorrer el velo de mi intimidad» y les contaba lo que había sentido durante la celebración de la Eucaristía: «Ha sido como ponerme ante el Señor y su Santísima Madre, implorando sus favores y diciéndole mi pena por ofenderles».

Les decía, en tono de confidencia: «**Por dentro de mí baten mil campanillas al entrechocarse los más variados sentimientos: recuerdos que se quieren hacer presentes, sin esperar turno.**

Debo poner un poco de orden en mi mente para ir poniendo en su lugar, por su importancia y cronología, los sucesos de estos años de mi vida.

Es como un gigantesco rompecabezas, con miles de pequeñas piezas de irregulares contornos. Se van tratando de identificar por sencillos detalles: este pedacito azul, recuerda un rato feliz; y esta luz, aquella que me hirió en tiempo oportuno; aquí una planta que se inicia; más allá el árbol, con muchas hojas... pero no tan solo hojas; allá veo entre las ramas algunos frutos.

Y tan sólo es una parte del cuadro: falta lo que vendrá a agregarse en los años pocos o muchos que aún faltan para terminarlo».

Buscando entre su correspondencia, he encontrado un escrito fechado un año después. Es la respuesta a una carta que le escribió Lourdes, una amiga de la familia, con motivo de la enfermedad de su marido.

Junio, 15 de 1980

Mi querido doctor Cofiño:

Usted que ha estado tan cerca de nosotros desde hace 26 años (para mí) y no recuerdo exactamente cuántos para Carlos, creo que puede entender qué nos espera ahora... tanto de bello que hemos compartido, tanto amor que ha habido, tanta felicidad, ahora le toca tornarse tan dolorosa, y ¿sabe usted una cosa?... aunque me digan con todo cariño que todo saldrá bien y así lo deseo yo... en el fondo de mi corazón hay otras palabras de la Virgen, recibo otros mensajes de Dios, nunca antes me había sucedido... ¿por qué ahora? ¿por qué ahora me siento así, como en un desierto?

Y no me falta la fe, no me falta la presencia de Dios... este gran mal que hay dentro de mí, es peor de grande que el encontrado en su examen de Carlos... duele tanto, me hace llorar como niña, me hace comprender o sentir algo que nunca he vivido... pero lo acepto, Dr. Cofiño, me deshace, pero lo acepto, y quiero tornarlo en oraciones y quiero tornarlo en medicina y quiero tornarlo en agradecimiento a Dios de tanto que me ha dado... pero no puedo... me siento solita en un desierto... no puedo pensar... solo siento que algo muy fuerte me invade y domina... pero Dios no me ha dejado y no me dejará en estos momentos y acepto toda su divina voluntad...

Reciba mis cariños más sinceros, no tengo que darle las palabras, usted las siente, hasta pronto.

Lourdes

El abuelo le respondió enseguida:

17 Junio 1980

Mi querida hija Lourdes

Con profunda emoción leo esta mañana en mi querido escritorio del Centro Universitario tu carta dolorosa, en estos momentos en que tu corazón –el mío también–

se encuentran apretujados ante una realidad, ante un hecho que no estábamos preparados para recibir.

Quiero que sientas, querida Lourdes, que el desierto en que dices encontrarte de momento lo vas a poder transformar en un vergel, regado con tus lágrimas de amor y vivificado con la presencia de nuestra Santa Madre de Guadalupe.

Es una nueva etapa de tu vida con Carlos: tú le darás optimismo, le quitarás desaliento y le darás valor, confianza y fe en su recuperación.

Cierto es que se encuentran ustedes en un momento muy difícil pero no desesperado, como hubiese sido hace unos años. La ciencia ha progresado y sigue progresando. La enfermedad es controlable y muy pronto será totalmente dominada.

La Virgen sólo puede enviarte mensajes de esperanza; Ella, que sabe de dolores, supo estar erguida al pie de la Cruz. Fue allí donde Nuestro Señor nos la dio por Madre...

Pasados estos primeros días recuperarás confianza y el valor de siempre para seguir luchando. Ya sabes: estoy con ustedes.

Ernesto

Durante esos años yo estudiaba en la universidad; y era novio de mamá, desde el 23 de mayo de 1974. Un buen día de 1979 decidimos casarnos y quedé con el abuelo para presentársela en casa.

Yo le había hablado mucho de ella, salvo de un aspecto: mamá no era católica. No se lo había dicho por falta de confianza, porque yo le podía llevar la contraria, y sabía que él me escuchaba, valoraba mis opiniones y las ponderaba: ¡confiaba mucho en mí!

Pero me había hablado tanto de la necesidad de que, cuando me casara, mi mujer y yo diésemos una buena formación católica a los hijos... que no sabía cómo decírselo y lo iba dejando para más adelante. Y como el primer día que mamá vino a casa no hablamos de religión, cuando se fue, pensé que no se había dado cuenta.

¡Cómo no iba a darse cuenta! Tenía un don especial, una forma de mirar que entraba en el alma; y aquel día, en un rato en el que les dejé solos, estuvieron platicando sobre la fe cristiana y comenzó entre ellos, más que el trato de un futuro suegro con su futura nuera, el trato de un padre con su hija.

A partir de aquel día mamá le fue planteando sus dudas, y el abuelo le fue explicando las verdades de la fe con mucho cariño. Y así, poco a poco, mamá se fue acercando al catolicismo, y comenzó a venir a Misa con nosotros los domingos.

Pasó el tiempo; y cuando mamá ya tenía un deseo firme de bautizarse, le diagnosticaron una enfermedad que podía ser grave y le dijeron que tendría que operarse.

Era una intervención muy delicada y el abuelo le preguntó si deseaba bautizarse antes de entrar en el quirófano. Mamá dijo que sí, no por temor, sino porque lo estaba deseando.

El abuelo se ocupó de hacer los trámites y el 5 de febrero de 1980 don Antonio la bautizó y le dio la Primera Comunión. Gracias a Dios, la operación salió bien, y poco después mamá recibió la confirmación en el Palacio Arzobispal.

Y empezamos a preparar la boda. Sólo había un problema: el abuelo pensaba que mamá y yo debíamos vivir por nuestra cuenta, y yo no estaba dispuesto a dejarlo solo de ninguna manera. ¡Cuántas veces estuvimos hablando de esto, en esta misma sala de estar!

Él me recordaba el refrán:

—**Casados: casa dos.**

—Papá —le decía yo—. No quiero que vivas solo. A Guisela y a mí no nos supone ningún sacrificio, ¡al contrario!

—**No, José Luis; ustedes necesitan tener su casa y resolver sus problemas en paz. Yo no hago más que molestar.**

Yo me esperaba esta respuesta, porque conocía su forma de pensar y sabía que no era fácil convencerle. Además, no faltaban los que decían que vivir los tres juntos iba a ser una fuente de disgustos y problemas.

Pero yo estaba seguro de que no iba a ser así. Charlamos varias veces, hasta que la tía Clemen platicó con él y le dijo:

—Papá: no le des más vueltas. Los muchachos quieren vivir contigo.

Aceptó, aunque iba en contra de lo que pensaba, porque era humilde y sabía cambiar de opinión. Y cuando nos casamos, el 30 de mayo de 1981, comenzamos a vivir los tres juntos en esta misma casa.

A partir de entonces, el abuelo cambió. Lo hizo con sencillez, casi sin que nos diéramos cuenta, pero le debió costar mucho sacrificio.

Se esforzó, por ejemplo, por pasar a un segundo plano para que mamá fuera realmente *la señora de la casa*. Y lo consiguió: mamá hacía y deshacía, cambiaba las cortinas, movía los muebles, quitaba y ponía lo que quería, con entera libertad. Jamás hubo el menor problema. Se comportó con ella con una sabiduría y un tacto realmente portentoso.

Tiempo antes, él disfrutaba sorprendiendo a sus amistades con sus ensaladas *a la fatigué:* se ponía su gorro de cocinero y hacía de anfitrión de la casa; ahora, si a mamá se le quemaba algo en la cocina o le salía mal la ensalada, él hacía como si no se diera cuenta.

Otro, en su lugar, al ver un plato que no estuviera en su punto, hubiera sacado a relucir sus dotes de cocinero, o le hubiese dado una lección a su nuera; pero el abuelo la trataba como un padre a su hija, con mucha comprensión y un grandísimo cariño, ¡sin decir ni *quillo!*

Dejó que mamá, que era, lógicamente, algo inexperta en el manejo de una casa, tomara sus propias decisiones, y dejó que acertara o se equivocara, sin decir nada. Y en vez de problemas, lo que tuvimos fue una dicha inmensa. ¡Fuimos tan felices los tres juntos!

Todo sucedió en contra de los pronósticos de algunos, porque, entre otras razones, él no era un viejito de ochenta años, cargado de manías, al que hubiera que solear por las mañanas; sino un padre bueno y divertido, simpático y optimista, lleno de esperanza y de proyectos, que estaba planeando constantemente cosas nuevas para ayudar a los demás.

Y si veía algo en la marcha de la casa que se podía mejorar, me sugería: –**Oye, ¿ podrías decirle a tu mujer esto o lo otro?** Pero nunca se lo decía directamente a mamá, por delicadeza. La trataba con mucho cariño y respeto, valorando sus cualidades.

Jorge: ¡qué contento se puso el abuelo cuando naciste! Quería ayudar en todo, hasta en el cambio de pañales. Y lo mismo con ustedes, Paola, Diego: estaba como embobado: les mecía en brazos, les mimaba, y no dejaba de mirarles. ¡Cuánto le hubiera gustado verles tal y como son ahora!

Pero seguro que les ve y les conoce muy bien; y les ayuda, como a todos nosotros, desde el Cielo.

Muchos besos:

Papá

XIV

3 de septiembre de 2000

Queridos Jorge, Paola y Diego:

Hace ahora diecinueve años, a comienzos de agosto de 1981, al abuelo comenzó a dolerle la mandíbula. Fue al dentista, que le dijo que posiblemente era sólo una irritación producida por la prótesis que llevaba. Al cabo de cuatro o cinco días, como la mandíbula le seguía molestando, le aconsejó que fuera a un analista, que le hizo una biopsia.

El jueves, día 20, le llamó para saber el resultado. El médico le dijo que prefería entregárselo en persona. Al oír aquello, dedujo: cáncer.

No se equivocó. Tenía un carcinoma en la mucosa oral que se había extendido a la mandíbula izquierda. Recibió la noticia con serenidad y al salir de la consulta, me explicó su plan:

—**Mirá: primero vamos a hacer tal y tal cosa. Luego...**

¿Qué podía decirle? Yo estaba conforme, porque ¿quién podía decidir, mejor que él, lo más adecuado médicamente?

Ahora, al leer las notas que fue tomando durante esos meses, comprendo que vivía aquella situación de forma muy distinta a la mía: en lo humano, con la objetividad de un médico; y en lo espiritual, con la serenidad de un hijo de Dios. Les copio lo que anotó aquel día:

Jueves 20: a las 16:00 horas concreté cita (...)... Ya desde ese momento, como es natural, quedé convencido de que la lesión era de carácter maligno. Y me fui preparando para lo que debía hacer.

José Luis, mi hijo, –quien había seguido todo el proceso– me acompañó a la cita. Era mi obligación irle «fogueando» en estas situaciones, sin ninguna evasiva.

El Doctor emitió su opinión con claridad, respondiendo a mi solicitud de poner las cosas tal como se presentan. Los cortes indican que se trata de un carcinoma de tipo escamoso, que, hasta donde se puede juzgar –dada la terminación de la pieza sometida a examen– parece muy localizado y no ha invadido la capa muscular. Clínicamente no se aprecian ganglios infartados en el cuello: el caso parece favorable.

Los tres médicos que habían intervenido –el dentista, el patólogo y el cirujano– pensaron que tal vez era suficiente una extirpación limitada, seguida o precedida de radioterapia.

Ese mismo Jueves 20, entramos a considerar la situación con José Luis, con perfecta objetividad. Es una lesión cancerosa cuyo grado de extensión, mayor o menor, no se puede, por ahora, afirmar. Lo esencial es no perder tiempo en consultas, aun cuando mañana podremos solicitar que otros anatomo-patólogos, examinen los cortes.

De todos modos, y sea cual fuere la opinión, mi decisión es ir a Houston.

A continuación escribe algo de lo que me acuerdo muy bien: **Debo decir que había tenido la peregrina idea de irme solo: solamente a mí se me podía ocurrir esa idea: José Luis lo descartó de plano.**

¡Naturalmente que lo descarté de plano! Sabía lo que pretendía con eso: causarnos las menores molestias posibles.

Les cuento esto para que vean que era un hombre resuelto, pero no inflexible: comprendió enseguida que era **una idea peregrina.**

He descubierto un detalle simpático en sus notas. Aquel día por la noche, después de hacer todas las gestiones (sacar el boleto de avión en una agencia, comprobar la visa y el pasaporte, llamar a un amigo médico de Houston, y luego a la tía Clemen, para decirle que llegaba el lunes, etc.); después de todo eso... ¡durmió estupendamente!

No pude acompañarle a Houston, muy a mi pesar, porque en esas fechas comenzaba a trabajar en la Universidad. Se fue de aquí a México, y desde allí viajó hasta Houston con la tía Clemen. Pocos días después ingresó en el Hospital. Le hicieron muchas pruebas y análisis, hasta que el médico le dijo:

—Doctor, tiene un cáncer que sale del hueso hacia fuera. No hay posibilidad de darle radiaciones. La única solución es amputarle la mandíbula. ¿Se lo quiere pensar?

—**No, doctor** –dijo el abuelo–. **Vine a ponerme en sus manos.**

Fue todo muy rápido. Llegaron un lunes, el martes estuvo con el médico y el jueves le operaron. Fue un éxito, aunque le cortaron parte de la mandíbula para ponerle una prótesis interna. A los ocho o diez días regresó a México con la tía Clemen para la convalecencia.

Yo estaba muy preocupado, y fui a verle a México, durante el asueto del 15 de septiembre, temiéndome lo peor; pero mis preocupaciones se esfumaron cuando lo encontré tan animado como de costumbre, con buen apetito y haciendo los ejercicios de recuperación indicados.

Cuando regresó, se puso a trabajar, sin comentarle a nadie los sufrimientos y molestias de la operación. Aunque tenía la mandíbula algo desfigurada y el labio un poco hundido, había quedado muy bien, gracias a Dios: hablaba y comía sin dificultad, no tenía que tomar medicinas y podía seguir haciendo su vida normal; aunque su vida, de hecho, no fuera tan *normal* para una persona de su edad...

Ese modo de actuar –enterarse del problema, pedir consejo, afrontarlo y resolverlo– era muy característico en él. Era un hombre valiente, audaz y decidido. Pero su valentía no era temeridad, sino fruto de su confianza en la Providencia.

No temía a nada ni a nadie, porque se sentía en los brazos de su Padre Dios.

Ya conocen la historia del atraco. Se la contaré de nuevo para dejarla por escrito: es el mejor ejemplo que se me ocurre para reflejar su confianza en el Señor.

Sucedió un jueves de 1987 por la mañana, cuando hacía gestiones con Alejandro Deustschman para conseguir donativos para el fondo de Becas de Ciudad Vieja.

El abuelo hacía varias cada día: un amigo suyo aseguraba que en el año 1990 hizo alrededor de mil gestiones personales con empresarios, aprovechando esas ocasiones para acercarlos al Señor.

Aquel jueves, cuando Alejandro acababa de detener el carro en la calle, dos hombres con el rostro descubierto les asaltaron, ordenándoles que se bajaran. Uno se acercó al abuelo y le puso una pistola en la cintura. Fue todo tan rápido que el abuelo no se dio cuenta de lo que pasaba y trataba de apartar a aquel hombre, hasta que Alejandro le dijo:

–Doctor, nos están asaltando. Quieren que nos bajemos.

Esa calle está a dos cuadras de una Estación de Policía. Por eso, no se atrevieron a robarles allí. Les gritaron:

–¡Vamos! ¡Métanse en la parte de atrás del carro! ¡Rápido!

En cuanto subieron al carro el jefe tomó el timón y emprendió la marcha a toda velocidad, mientras el otro les apuntaba con su revólver.

–¡Suelten todo lo que tengan!

El abuelo y Alejandro entregaron las billeteras, los relojes, las plumas...

–¡Ahora, las medallas y los anillos!

Fue el único momento en el que Alejandro advirtió un gesto de dolor en el abuelo, que no pudo evitar las lágrimas cuando le dio a aquel hombre su anillo de matrimonio.

Mientras tanto, el jefe, muy nervioso, iba dando vueltas por las calles. Pensaba que les perseguía la policía y no sabía qué hacer, si soltarlos o matarlos.

Cuando comprobó que no les seguía nadie, decidió asesinarlos, *echárselos,* en el lenguaje del hampa, y le dijo al de atrás:

–¡Échatelos!

Al oír aquello, el abuelo comenzó a rezar en voz alta. El carro enfiló un camino solitario, junto a las vías del ferrocarril. Estaba claro: iban a matarlos allí.

Alejandro estaba inquieto, pero al ver que el abuelo seguía rezando en voz alta, recobró la calma, y se preparó a bien morir.

El jefe le dijo, muy irritado:

—¡Cállese de una vez, viejo!

El abuelo respondió con paz:

—**Siempre rezo; y ahora más. Rezo para que el Señor les ilumine, porque van por mal camino.**

Al oír esto, gritó el jefe:

—¡Vámonos!

Y detuvo el carro un poco más adelante. Ocurrió algo insólito: el tipo que les apuntaba con la pistola abrió la puerta y... ¡ayudó al abuelo a bajar! Y le dijo, tendiéndole la mano:

—Que le vaya bien.

El abuelo respondió:

—**No; no le doy la mano ahora, porque van por mal camino. Rezaré mucho por ustedes para que encuentren a Dios. Y cuando cambien de vida, tendré mucho gusto en estrecharles la mano.**

Cuando se fueron los asaltantes, comenzaron a caminar, desorientados, hasta que llegaron a unas casas donde había una tienda de aparatos eléctricos.

Entraron y le pidieron al dueño que les dejara hacer una llamada. Aquel hombre, al verlos tan pálidos, les preguntó qué les había pasado y les preparó un café. Sólo tenía una taza y se la fueron turnando.

Aquella noche el abuelo durmió bien; y al día siguiente ofreció la Santa Misa en acción de gracias al Señor. Luego fue a la tienda para dar de nuevo las gracias al dueño, y le llevó como regalo un juego de tazas de café. Y desde entonces, hasta su muerte, rezó para que aquellos delincuentes cambiaran de vida.

En otra ocasión fue con Alejandro Deutschmann a visitar a un señor para pedirle un donativo, y la recepcionista le trató de forma muy grosera. Alejandro se indignó; el abuelo le contuvo, y antes de salir, escribió una nota y se la dio a la secretaria:

—**Mire: aquí le anoto los nombres de estos dos doctores. Le aconsejo que vaya a verlos lo antes posible.**

Al cabo de un año decidió visitar de nuevo a aquel señor. «¿Pero es que no recuerda –le dijo Alejandro– cómo le trató la recepcionista?»

Al abuelo no le importaba. Si era para el Señor, sufría cualquier humillación. Cuando llegaron al despacho había una nueva recepcionista que les dijo que aguardaran un momento. Salió a recibirles la secretaria ejecutiva de la gerencia, que era... ¡la recepcionista anterior!

—¡Doctor! –le dijo emocionada–. ¡Al fin le vuelvo a ver! Le estoy muy agradecida, porque fui a consultar a uno de los médicos que me aconsejó, y me dijo que, aunque yo no lo supiera, padecía una enfermedad grave. Además, estaba pasando una situación difícil en mi matrimonio, y se ha solucionado; y estaba a punto de perder este trabajo y me han ascendido a gerente...

Recurro de nuevo a su *curriculum*, que tan útil me está resultando. Lo escribió porque se lo pidieron con insistencia: no le gustaba hacer listas de méritos y reconocimientos.

Ahora, al leerlo, me he enterado de aspectos de su vida que ignoraba: hay muchos títulos, por ejemplo, de los que no le oí hablar nunca, porque, aunque los agradecía, no le gustaba alardear de nada.

Aunque hubo uno que le emocionó especialmente: el nombramiento de que le hizo en 1950 el Gobierno francés de Caballero de la Legión de Honor en grado de Oficial.

No era por vanidad, sino porque es una de las máximas distinciones francesas, y él ¡amaba tanto ese país! Las visitas lo suelen decir, cuando vienen a casa y ven la leyenda *París mon coeur* sobre el mueble-bar, la bandeja con el mapa de la *dulce Francia* y tantos recuerdos de la cultura francesa:

—¿Al doctor le gustaba mucho Francia, verdad?

Sí: tenía, en palabras suyas, **un entrañable amor** por los franceses, a los que definía como un **pueblo noble, que conserva el espíritu dilecto de la latinidad.** Con motivo de su nombramiento de la Legión de Honor la *Revista* de San Juan, ciudad donde había trabajado tanto, afirmó:

«Guatemala debe reconocer lo que este hijo preclaro le ha dado en veinte años de vida profesional. Francia, la nación que ilumina al mundo con sus fulgores de arte y de ciencia, le ha hecho justicia otorgándole su máxima condecoración».

El doctor de la Riva afirmó en unas declaraciones televisivas. «En Guatemala ha dejado una huella imborrable en todo sentido, como hombre y como maestro, como padre y como educador. Recibió homenajes muy merecidos y tantas condecoraciones, que si las pusiéramos en una pared necesitaríamos muchas para poner todos los galardones que recibió en su vida».

Les cito algunos de esos reconocimientos:

–el gobierno de Guatemala le otorgó en 1960 la Orden del Dr. Rodolfo Robles;

–ese mismo año fue nombrado Socio Honorario de la Asociación Pediátrica de Guatemala;

–en 1961 el Consejo Superior Universitario de la Universidad de San Carlos le nombró «Profesor Honorario de la Cátedra de Pediatría»:

–varios años después, en 1969, le otorgó el máximo galardón: la Medalla Universitaria.

–y un largo etcétera.

Aunque no hablaba de sus propios méritos, le gustaba ponderar las virtudes de las personas que admiraba, como su amigo el doctor Eduardo Ortiz de Landázuri, de la Universidad de Navarra. El abuelo era Delegado de esa Universidad para Centroamérica y tuvo mucha relación con él. Le tenía en tal estima que hizo enmarcar una fotografía suya y la puso aquí, en la pared, junto a su mesa de trabajo.

No hizo nada semejante con ninguna otra persona.

Don Eduardo era también del Opus Dei y hace dos años, en 1998, se abrió su Causa de Canonización en España.

Sigo con su *curriculum:* trabajó, junto a otros profesionales, en un Código Deontológico para los médicos de

Guatemala. Fundó la Asociación Pediátrica y fue su Presidente Honorario hasta su muerte. Organizó varios Congresos de Pediatría en los que recordaba que, **es indispensable que en países como los nuestros se coordinen diversamente todos los trabajos; porque es mucho lo que nos falta, y por mucho que recibamos, siempre resulta como una gota en la inmensidad del mar.**

Comparaba esa solidaridad entre los pueblos como las orquestas sinfónicas en las que hay que lograr **el sonido del conjunto y no el de cada uno de los instrumentos.** Pero esas ayudas y colaboraciones –precisaba– no deben ser indefinidas; y ponía este ejemplo: es como cuando se tiende la mano a una persona debilitada para que se levante: se le ayuda sólo hasta que pueda caminar por sus propios medios.

No era nada *proteccionista*, en el sentido peyorativo del término. Fue siempre muy renovador, progresista y avanzado: cuando empezaron las campañas retrógradas a favor del crimen del aborto, fundó una Asociación en defensa de la Vida.

Y no se limitó a presidir un comité: al ver que estaban en juego millones de vidas humanas, puso todas sus energías en ese empeño, dando respuestas positivas. Muchas tardes daba conferencias que preparaba concienzudamente.

Esto debía resultar agotador para una persona de su edad: porque no se conformaba con leer un guión: proyectaba una película, la comentaba, conversaba con las asistentes, muchas veces mujeres sin recursos, resolvía sus dudas, ponía medios para resolver sus problemas...

Comprendía mucho los problemas de la mujer, y en especial de las mujeres necesitadas; se ponía en su lugar y les ofrecía, junto con su aliento y su consuelo, soluciones dignas y humanas.

Esa es una de las causas por las que quiso hacerse una fotografía con un libro de Debré, *El honor de vivir*, entre las manos. No fue sólo un homenaje hacia su maestro. Le gustaba ese libro porque era un alegato a favor de la vida de carácter rigurosamente científico.

«¿Qué cabe pensar –escribía Debré en otra de sus obras, *Venir al mundo*– de una sociedad que rehúsa admirar la maravillosa creación de la vida, que menosprecia tantos esfuerzos y proezas y que no valora la felicidad de dar a luz ni respeta desde su aparición la existencia?»

¡Cuántos miles y miles de niños le deben la vida! Hace tres años, de 1997 el doctor Enríquez Villacorta comenzó la lección inaugural del IFES, un Instituto Femenino de Estudios Superiores, con estas palabras:

«Voy a iniciar esta disertación contándoles una anécdota de hace algunos años. Se trata de una mujer con siete meses de embarazo, con una enfermedad grave. Había que terminar el embarazo pues la madre se moriría y esa criatura no tenía oportunidad de vivir. En ese tiempo era imposible que una criatura de siete meses pudiera vivir. Sin embargo, hubo alguien que pensó en ese bebé y dijo que había que darle la oportunidad. Ese bebé nació y es hoy mi esposa Mónica…Tanto la madre como la niña sobrevivieron, por la fe y el trabajo científico del Dr. Cofiño».

Su pasión por la defensa de la vida tenía raíces muy profundas y antiguas: provenía de sus años parisinos y de su trabajo junto a Debré. Sabía que no estaba solo en esa lucha, desde el punto de vista médico y profesional, y se carteaba con figuras prestigiosas en el ámbito internacional, como Jérôme Lejeune o Jacques Lafourcade.

El doctor Tilve recuerda su actuación ciudadana cuando se intentó aprobar en Guatemala una ley liberalizadora del aborto a finales de los años sesenta. El abuelo, consciente de su responsabilidad, comenzó a recoger firmas entre médicos y personas de muchos ambientes.

Argumentaba con datos científicos, con la experiencia de un médico que había salvado la vida de millares de niños. Y también, con la experiencia de un hombre que había luchado con todas sus fuerzas contra la pobreza y la injusticia, contra la marginación social, contra la situación de abandono de tantas mujeres. ¡Cuántas veces le oí hablar de la dignidad de la mujer!

No ejercitaba sólo un derecho cívico; para él –como médico, como pediatra, como persona– era cuestión de conciencia poner todos los medios a su alcance para defender a los inocentes y proteger la vidas de los no nacidos.

Como había tenido una decidida intervención pública como especialista en la materia, fue citado por el Congreso de la República para que estuviese presente en el debate parlamentario, No basó su defensa en sentimentalismos, ni en argumentaciones retóricas, sino en datos científicos, probados y objetivos, al margen de cualquier ideología y de cualquier partido.

La mayoría de los congresistas apoyaron su postura y el proyecto de ley de liberalización del aborto no se aprobó: y como reconocimiento a su lucha por la vida, cuando entró en el Congreso recibió una larga ovación en su honor: un aplauso tan intenso que le hizo sentirse –decía, muy divertido–, **como un torero.**

Hay miles de niños de Guatemala, no sólo del pasado, sino también del presente y del futuro, que le deben la vida.

¿Qué más puedo decirles del abuelo? Al principio pensaba que me bastarían cinco o seis cartas largas: ya llevamos más del doble y no les he hablado todavía de muchos aspectos. Por ejemplo, de su carácter durante la última etapa de su vida.

Se había vuelto un hombre muy sencillo, que se ganaba enseguida la confianza de la gente porque no guardaba distancias con nadie, y hablaba con el lenguaje de cada uno: con un colega de profesión, un niño, una indita, un amigo... No es de extrañar que tuviera tantísimos amigos. Todavía le estoy oyendo:

–Mirá, viejo...

¡Qué capacidad de cariño tenía! Se lo he oído decir a muchos: «Es una de las personas por las que me he sentido más querido». Y lo demostraba de mil modos. Cuando algún médico, como Pérez Avendaño, le llamaba «doctor», le decía:

–Mirá vos, nosotros somos *cuates*. No me digas doctor, tratáme de *vos*.

Era muy humilde, y por eso servía para mandar: conocía bien sus defectos y limitaciones, sabía estimular, y no guardaba rencores.

Su actitud –ahora lo veo con mayor claridad– nacía de su gran amor a Dios. Porque era muy dinámico; pero no un *activista* frenético. Era un hombre enamorado, un cristiano

197

coherente y un católico responsable en la hora del mundo y de la Iglesia que le tocó vivir.

Contaba fundamentalmente, en todo y para todo, con Dios. Tenía alma de luchador y luchaba: contra el olvido y la negación creciente de Dios en la sociedad de su tiempo; luchaba contra una visión animalesca de la naturaleza humana; luchaba aunque se quedara extenuado en el combate, aunque, a causa de los años, casi no le quedaran fuerzas.

Cuando, ya anciano, vio que se perdía la costumbre de rezar el Rosario, hizo editar decenas de miles de folletos pequeños, con forma de acordeón, con diversas oraciones a la Virgen. Intentaba dar siempre, ante cada problema, una respuesta.

A veces era una respuesta general, como editar un folleto. Pero lo habitual era una respuesta personal: un consejo a un amigo, la solución para el problema del otro... No le gustaban —ni como médico, ni como cristiano— las recetas genéricas.

Y procuraba ir por delante, con su ejemplo. Remuneraba puntualmente a sus empleados y pagaba sus impuestos; tenía un fuerte sentido social. Quería que los universitarios de Ciudad Vieja cumplieran con sus deberes cívicos y puso en marcha, desde 1976, un curso titulado: «¿Tributamos correctamente?».

Cuando hicieron el acta de fundación de La Médica Guatemalteca, una empresa en la que estuvo trabajando, escribió, en el punto nº 4: **es lema de la empresa darle al beneficiario un poco más de lo que le corresponde, pero nunca y por ningún motivo, un poco menos.**

¿Pero es que no tenía ningún defecto?, se preguntarán ustedes. Pues ya han visto que sí: y se los he ido señalando, pero día tras día fue luchando y mejorando, con la gracia de Dios.

Mejoró, por ejemplo, en la educación de los hijos. Aunque esto de la educación es un tarea muy difícil: a él lo formaron a comienzos de siglo, con los criterios autoritarios del siglo XIX; tuvo que educar a mis hermanos, en los años treinta y cuarenta entre las grandes guerras mundiales; y yo nací en los cincuenta, cuando se había impuesto una nueva mentalidad. Fue una época de grandes cambios: la sociedad se transformó más rápidamente que en ningún otro siglo.

Antes los padres se limitaban a mandar, y habitualmente, bastaba con eso; ahora hay que saber escuchar, ceder en unos aspectos, no ceder en otros...

Sus amigos fueron testigos de su afán por mejorar. Cuentan que una vez estaban con él en una junta directiva, y antes de comenzar le había dicho a la secretaria que no le pasase recados; pero ésta entró y salió varias veces, interrumpiendo la reunión; hasta que en una de ésas, el abuelo le dijo, con voz tajante, que no volviese a entrar.

Luego le pidió perdón por haberla reprendido de esa forma; y le decía a Julio Matheu:

—Hay que tener cuidado con esos arranques, porque son empujones del diablo; y pedirle a nuestro Señor que nos dé la gracia para controlarnos.

Con los años se fue haciendo más flexible, al revés de lo que suele suceder, y no perdió el interés por las cosas nuevas; al contrario: el mundo se iba modernizando y él también. Pasó del bombín de los años veinte a los pantalones vaqueros de los sesenta con gran naturalidad. Y debía de tener ya los ochenta bien cumplidos cuando le pidió a un estudiante del Centro Universitario que le enseñara computación. ¡Y aprendió!

Ustedes, que han nacido con las computadoras, y que se mueven en el mundo de la cibernética como si hubiera existido desde siempre, no se imaginan lo que significa para un hombre de su edad pasar desde las carretelas de mulas que tardaban diecisiete horas en llegar a Antigua a eso que llaman ahora «autopistas de la información»...

Por esa razón, no le gustaban esas conversaciones de viejitos, en las que recuerdan con nostalgia tiempos pasados. Le parecían **reuniones de muebles viejos.**

Un día fue a visitar a una señora anciana que deseaba darle un donativo para una iniciativa apostólica. Empezó a evocar recuerdos de su juventud, y el abuelo, para abreviar, le dijo que tenía un poco de prisa, y se despidió.

A la salida, el que le acompañaba le hizo ver que esa señora deseaba platicar y que hubiera sido más delicado dejarla que se explayase... Reconoció su error al instante, y al poco tiempo fue a visitarla de nuevo, y comenzó a hablar de cuando eran jóvenes:

–¿Se acuerda usted de...? ¡Qué tiempos aquellos!

No repudiaba el pasado; sencillamente, no quería que el pasado fuera como un lastre que le acabara paralizando. Guardaba cariño a las personas que había conocido a lo largo de su vida, y se interesaba por ellas. En sus escritos evoca a muchas personas; entre ellas, **la imagen querida de Sor Matilde, Hija de la Caridad, es decir del amor, enfermera de excepcional capacidad y experiencia acrecentada por su amor entrañable para sus criaturas.**

Siempre lista para servir y aceptando las más crueles dolencias.

Un día que la visité me dijo: «figúrese, doctor, que me he quedado ciega...», como quien relata un penoso suceso acaecido a otra persona.

La visité recientemente en el Hospital Pedro de Bethancourt. Es la misma Sor Matilde: dulce, suave, humilde, amorosa.

Gracias a esta lucha contra sus defectos, con los años mejoró extraordinariamente de carácter, y se convirtió, como decía la tía Clarita, «en un viejito muy amoroso, de gran serenidad, que le daba a uno sensación de paz».

Por eso, su vida da mucha esperanza. Algunos que piensan que a partir de los cuarenta ya no hay nada que hacer. Él se entregó a Dios a los cincuenta y muchos, y luchó sin cesar hasta su vejez, que fue extraordinariamente fecunda. ¿Qué hubiera sido de él, si al conocer a don Antonio hubiera dicho: «Es demasiado tarde para mí. Se me pasó el tren»?

Su existencia es un ejemplo de deseo de vivir; muestra que todos los tiempos —también la vejez— son tiempos de ilusión, de esperanza y santidad; y que siempre se puede comenzar y recomenzar.

Pero les iba contando —y termino esta carta— que el abuelo luchaba contra sus defectos; aunque a veces... No sé cómo decírselo. Reconozco que había algo que me sacaba de quicio: su impaciencia por llegar puntual a Misa.

Parece que le estoy oyendo:

—¡José Luis, José Luis, que no llegamos, date prisa! ¡Vamos, vamos, vamos...!

¡Esperaba la Misa con tanta pasión! No podía concebir un pequeño retraso por nada del mundo. Era el centro de su vida, sin ella no podía vivir, estaba claro.

Pero a mí, en aquel tiempo, su afán me parecía casi una obsesión. Voy a decirlo con todas las letras: una manía. Y cada domingo, la misma canción:

—¡Vamos, vamos, José Luis, que no llegamos, date prisa!

Ahora comprendo que no era obsesión, ni manía, sino puro amor. Estaba ansioso por recibir a Cristo y se comportaba lo mismo que un enamorado de quince años en su primera cita con una muchacha; y a veces... ¡a veces corría tanto que llegaba a la iglesia antes de tiempo, y se tenía que quedar en la calle, junto a la puerta, esperando a que abrieran!

Con todo cariño.

Hasta la próxima:

Papá

XV

8 de septiembre de 2000

Queridos Jorge, Paola y Diego:

Terminé mi carta anterior hablándoles de la impaciencia del abuelo. He estado dándole vueltas y ahora pienso que *impaciencia* no es el término adecuado. Esa palabra sugiere nerviosismo, desasosiego, inquietud, y las últimas décadas de su vida fueron profundamente serenas.

Era una impaciencia buena, que nacía de su urgencia por amar al Señor y por hacer el bien a manos llenas. Sus últimos años estuvieron traspasados por esas urgencias de amor. Hacía cosas a los ochenta años que... pero mejor les cuento cómo eran sus jornadas y ustedes sacan la consecuencia.

Se levantaba muy temprano, a las cinco y cuarto de la mañana. Se ponía de rodillas y le ofrecía a Dios las obras del día. Su primera mirada era para la imagen del Corazón de Jesús con los brazos abiertos que está sobre el cabecero de su cama. Luego se aseaba. Habitualmente se bañaba en agua fría. A continuación rezaba una parte del Rosario en su dormitorio, junto al ventanal que da al jardín. Todo está tal como él lo dejó: la cruz, la imagen de la Inmaculada...

Yo me levantaba un poco más tarde y le veía rezar en silencio, con los ojos fijos en el Crucificado. Nunca olvidaré aquel modo de contemplar al Señor.

Se iba a la iglesia. Llegaba a las seis y media; oraba durante una media hora ante el Sagrario y asistía a Misa. A veces, cuando no podía ir en carro, me pedía que le llevara en mi moto.

Regresaba, se ponía su traje de carrera y se iba a hacer *footing;* un *footing* suavito, porque tenía ochenta y tantos años... Cuando se fue acercando a los noventa le aconsejamos que corriera en un campo de *basketball,* donde, más que trotar, lo que hacía era caminar deprisa: pero suponía bastante esfuerzo, de todos modos, para una persona de su edad.

Nos preocupaba que pudiese resbalar y caer, especialmente en la época de lluvias. Mamá le decía que tuviera cuidado, porque a veces las hojas caídas de los árboles acaban cubriendo los charcos y eso es peligroso.

Muchos hombres, a esa edad, se vuelven testarudos, y no hay manera de hacerles cambiar.

El abuelo, sin embargo, sabía rectificar, y un día nos contó, divertido, el cuento de aquel sapo que intentó detener, a fuerza de hinchar el pecho, una carreta que pasaba por el camino.

— **El sapo comenzó a hincharse y a hincharse... hasta que explotó.**

–¿Y bien...? –le preguntamos.

–Pues que hoy, cuando pasaba por un lugar en el que había muchas hojas en el suelo, iba pensando: «como siga caminando por aquí me voy a resbalar»... Y al cabo de varias vueltas, ¡plas! he dado un traspiés y me he caído. Me he acordado del sapo y he decidido cambiar de deporte. ¡A partir de ahora voy a montar en bicicleta!

Pusimos unos ojos como platos.

–¿En bicicleta?

–Sí; en bicicleta. ¡Estacionaria, naturalmente!

Dicho y hecho. La compró y la instalamos en la habitación del fondo; habló con un amigo suyo aficionado al ciclismo, Oswaldo Chacón, y le pidió que le asesorara. Oswaldo accedió con mucho gusto.

–Doctor –le dijo–, a su edad debería hacer unos veinte minutos de bicicleta, tres veces por semana.

–**Veinte minutos. ¡Muy bien!** –le respondió el abuelo con un gesto de pillería muy suyo–. **Entonces necesitaría que me dedicases unos cuarenta minutos.**

Al ver su cara de sorpresa, le explicó:

–**Con cuarenta minutos podríamos hacer el siguiente plan: tú me entrenas durante veinte minutos, y yo te doy una clase sobre la Fe cristiana durante los otros veinte. Tú eres mi entrenador en el ciclismo y yo soy tu entrenador en religión. ¿Qué te parece?**

Decía estas cosas con una gracia y una simpatía que animaban a acercarse y conocer más a Dios. Oswaldo aceptó, riéndose, y a partir de aquel día se *entrenaron* mutuamente.

Por lo que se refiere al deporte, hay diversas opiniones. Unos dicen que en París hacía *sport* como se decía entonces; nosotros no hablamos nunca de eso; pero me parece que a lo largo de su vida no hizo demasiado de lo que ustedes entienden como *deporte*. Otra cosa es que llevara siempre una vida muy activa por razones profesionales.

Comenzó a hacer *deporte* a partir de los setenta y cinco años, por una razón de cariño: quería mantenerse en buena forma para que yo no tuviera la carga de un padre viejo y enfermo. Siempre había una razón de cariño, de caridad y preocupación por los demás, en lo que hacía.

Sigo con su horario. Después del deporte, se aseaba, tomaba su desayuno y hacia las nueve y media planeaba las gestiones del día, para no perder el tiempo.

Ésa fue una constante de su modo de ser: vivía sin agobios, exprimiendo cada minuto para sacarle el mayor fruto apostólico posible. De esa forma, a los ochenta años lograba hacer más cosas de las que yo hago ahora a los cuarenta...

Y sorprendentemente, nunca le vi estresado. Era un fruto del orden que ponía en todo: hacía sólo lo que se podía hacer en un día y dejaba el resto para el día siguiente. Parece fácil, ¿verdad? Pues no lo es. Sabía que un día sólo tiene veinticuatro horas, ¡y no se planteaba imposibles! Su lema era: **hoy, ahora.**

«**Mi trabajo principal** –escribía en 1989– **es conseguir fondos para el sostenimiento del Centro y para las becas de los estudiantes.**

Gracias a la generosa ayuda de muchas empresas del sector privado cada año becamos alrededor de 100 universitarios que vienen del interior del país a estudiar a la capital.

Cada mañana visito 5 ó 6 empresarios y hasta ahora no he tocado una puerta sin haber sentido inmediatamente el latir generoso de sus corazones. Y es que dar dinero no depende de tenerlo, sino de tener corazón. Tengo que agradecer la bondad que tienen conmigo cada vez que los visito.

El principal motivo de sus desvelos era Ciudad Vieja, pero no el único, porque impulsaba muchas iniciativas con gentes de todo tipo: con universitarios, como Ciudad Vieja; con obreros, como Kinal; con señoras de condición modesta, como Junkabal...

A la una de la tarde regresaba a casa rezando una parte del Rosario en su carro. Eso no fallaba nunca. A pesar de la intensa actividad que desplegaba, lograba rezar cada jornada su Rosario completo, con las tres partes: los misterios gozosos, los dolorosos y los gloriosos, con las letanías.

Almorzábamos, y tras un ratito de sobremesa, se quedaba sumido en un *dulce bienestar* que duraba unos veinte minutos, no más. Ese reposo le dejaba como nuevo.

Por la tarde continuaba trabajando. Hacia las tres y media se dirigía a su oficina en Ciudad Vieja. Al llegar hacía una visita al Santísimo Sacramento y luego, resolvía cuestiones académicas, hablaba con los alumnos o preparaba sus charlas de formación cristiana.

Allí, en Ciudad Vieja, iba al Oratorio con frecuencia: para saludar al Señor, leer el Evangelio o hacer la media hora de oración que acostumbraba a hacer todas las tardes ante el Sagrario, bajo la mirada de la Dolorosa.

A eso de las seis de la noche regresaba a casa, donde daba una clase de vida cristiana varios días por semana. Eran tantas clases y tantas charlas que yo no les sabría precisar cuántas personas venían en total: varias decenas.

Las edades de los asistentes variaban; un día podía dar un círculo de formación cristiana para gente joven; al siguiente, una charla para personas de mi edad; y al otro, una clase para viejitos como él. Una vez dijo en uno de esos círculos, bromeando, que si sumaban la edad de los presentes llegaban al milenio... ¡Y era verdad!

Eran círculos vibrantes, ardorosos, encendidos. Y no se conformaba con darlos: hablaba, uno a uno, con los que asistían, para ayudarles en su trato con Dios.

Y así, todos los días, salvo el lunes, en que recibía su círculo de estudios. Los que le acompañaban recuerdan con qué interés lo seguía, lo mismo que las meditaciones del sacerdote. Se ponía en el primer banco del oratorio para oírle mejor –llevaba un audífono en el oído izquierdo– y rezaba con la mirada fija en el Sagrario.

Me sorprendía que, aunque había dado cientos de discursos y conferencias, preparase tanto esas clases. Verdaderamente, pensaba yo, con sus dotes oratorias podía *salir del paso* sin tanto esfuerzo...

Pero él no se conformaba con *salir del paso*. Estudiaba los temas –la santificación del trabajo o el matrimonio como vocación cristiana, por ejemplo–; consultaba los Evangelios y la doctrina de la Iglesia, leía los escritos de los Santos Padres o de los Santos, y luego escribía un guión detallado y claro, con anécdotas.

Y cuando se publicaba algún escrito del Magisterio –una encíclica del Papa, una pastoral del obispo, etc.– lo estudiaba a fondo, para transmitir sus enseñanzas lo antes posible.

Amaba mucho al Papa. Juan XXIII le nombró Caballero de la Orden de San Silvestre en 1962, como reconocimiento a su servicio a la Iglesia. Difundió ampliamente el magisterio de Pablo VI y sus enseñanzas, como la *Humanae vitae*. Y cuando vino Juan Pablo II a Guatemala en 1983 hizo unos folletos, con el deseo de que los guatemaltecos se preparasen espiritualmente bien para su venida, y los distribuyó entre muchísimas personas.

Don Antonio cuenta un detalle significativo: no se hizo el traje de Caballero. Agradeció hondamente esa distinción papal, pero nunca quiso alardear de nada. Fue una manifestación más de su deseo de servir a la Iglesia sin esperar reconocimientos.

Respetaba mucho la libertad interior de sus amigos, el camino por el que el Espíritu Santo lleva a cada alma; y si uno le pedía, por ejemplo, un consejo para tratar a la Virgen, no se conformaba con animarle a rezar el Rosario. Le regalaba uno, le explicaba el origen de esa oración, le ayudaba a contemplar los misterios...

Si otro no sabía un determinado punto de la Fe, le aclaraba las dudas con palabras adecuadas a su mentalidad y formación. O le prestaba un folleto para que lo leyera. Y cuando era necesario, estudiaba el catecismo y pensaba el mejor modo de explicarle ese punto en cuestión...

Algunos de amigos suyos tenían dificultades para venir, a causa de su estado de salud, como el suegro de Otto Vinicio, que sufría parálisis en las dos piernas. Al verlo, hizo poner una rampa de madera en la puerta, y cuando se enteró de que había sido buen deportista en su juventud, le invitó a Kinal, para que hablara a los jóvenes sobre temas deportivos, de forma que se sintiera útil.

Al terminar las clases, cuando se iban todos, se ponía su batín azul, se sentaba junto al teléfono y llamaba a sus amistades para concretar los planes del día siguiente. Les preguntaba por su familia, se interesaba por sus problemas, les hacía una broma y les animaba, pendiente de todo y de todos.

Cenábamos; y tras conversar y jugar un rato con ustedes, que correteaban sin parar por la alfombra y los pasillos de la casa —no se acordarán, porque eran muy pequeños, pero... ¡cuánto disfrutaba el abuelo con sus nietos!— se recogía con el Señor en su habitación hasta las diez y media de la noche; luego hacía su examen de conciencia, breve; rezaba tres avemarías a la Virgen, de rodillas; y se acostaba.

Y así, un día y otro, y otro...

En 1989, cuando cumplió noventa años, organizamos una reunión familiar en casa. Fue algo inolvidable: imagínense esta sala de estar y todo el pasillo lleno de mesas. En una mesa pusimos el ramo con noventa rosas rojas que le habían regalado. Vino toda la familia y el abuelo fue saludando cariñosamente a cada uno de sus nietos.

Era muy divertido. Veía a uno y le susurraba al oído:

—Tú eres mi *prefe*.

Luego veía a otro, y le decía:

—Tú eres mi *prefe*.

Y no mentía. ¡Cada uno de ustedes eran su nieto preferido, porque tenía un corazón grande, donde cabían todos! Y lo decía de tal manera que cada uno se sentía, verdaderamente, *el preferido*.

Aquel noventa aniversario fue especialmente feliz. Y como solía hacer en las fechas importantes, puso por escrito sus impresiones. Les transcribo unas líneas:

Uno de mis hijos, bromeando, me comentó recientemente: papá ¿de qué te vas a morir si tu salud es tan buena?

Le dije que viviré los años que Dios quiera, hasta los cien, si ésa es su Voluntad. Y como Dios quiera, ya sea con salud o con enfermedad.

Lo único que deseo es seguir sirviéndole como hasta ahora he intentado hacerlo... Gratis he recibido toda mi formación y gratis he de darla a los demás.

Tengo un amigo en Miami, un médico brillante que piensa que no va a morir, o si lo piensa lo ve como algo muy lejano. Le envié el folleto titulado *Más allá de la muerte* y le dije: «...prepárate para morir y no para recibir homenajes».

Yo me preparo viviendo cada día como si fuera el último de mi vida, de manera que cada actividad la desarrollo lo mejor posible, ofreciéndola al Señor.

Por nuestras obras nos juzgarán y no por los puestos importantes o títulos que hayamos acumulado.

De nuevo, me he alargado más de lo que pensaba. Y ya llevamos nada menos que... ¡quince cartas!

Con todo cariño:

Papá

XVI

2 de octubre de 2000

Queridos Jorge, Paola y Diego:

Hoy me preguntaba, antes de tomar la pluma: ¿les estaré reflejando bien la personalidad del abuelo? No es tarea fácil. Tenía una personalidad muy rica, dentro de su sencillez: era muy espiritual y muy humano. Era profundamente humilde y tenía una gran fortaleza de carácter, porque la humildad no está reñida con la fortaleza.

Era audaz y decidido; y al mismo tiempo, sereno y prudente. Serio y responsable, con mucho sentido del humor y con una capacidad admirable para reírse de sí mismo. En una ocasión, cuando subía la escalera de un edificio, vio a un anciano que se le acercaba y pensó: **ese señor sí que está acabado. Se le ve mal, muy mal...**

Y se echó a reír, al darse cuenta... ¡de que era un espejo lo que tenía enfrente!

Era de natural optimista y acogía con tanto entusiasmo los nuevos proyectos que emprendía, que un día me di cuenta de que, a pesar de que me llevara 57 años, él, en su corazón, era mucho más joven que yo.

Su alegría era desbordante y contagiosa. Sin embargo, no por eso dejaba de regañar. Si tenía que corregir, corregía, y cuanto más regañaba, es curioso, ¡más la gente le quería! Eso me sorprendió siempre. Había uno, que colaboraba con él, al que le daba muchos regaños, porque era muy lento en su trabajo.

—¿Cómo es que usted le llora tanto —le pregunté, cuando murió el abuelo—, si a cada rato estaba corrigiéndole por esto y por aquello?

Y me dijo:

—Es que el doctor me quería mucho; por eso me corregía tanto: porque me quería mucho.

Nunca se aburría, ni se quejaba por nada... Le daba uno frijoles para comer y le parecían un plato delicioso. Se adaptaba a cualquier circunstancia; cosa rara para un hombre de su edad.

Tenía un gran espíritu de trabajo, y me costaba sacarle un fin de semana de vacaciones a la granjita. Allí, aunque la iglesia queda bastante lejos, iba todos los días a Misa. Eran unos fines de semana deliciosos: le llevaba en mi moto y nos íbamos a cortar moras a la montaña, a bañarnos al río... Se la pasaba feliz, feliz... aunque al cabo de dos días comenzaba da decirme:

—**Ya es mucho tiempo; necesito regresar y seguir trabajando y llamar por teléfono...**

En una ocasión le llamaron con urgencia de la Asociación de Amigos de Ciudad Vieja. Tenían que pagar una deuda importante antes de treinta días, y no sabían cómo. Empezaron a buscar soluciones. El abuelo propuso:

–¿Y si organizáramos un curso de especialización de ingenieros en el área azucarera, pidiendo a los profesores que den las clases *ad honorem,* en favor de Ciudad Vieja?

Era una buena idea: así podrían resolver la cuestión económica y colaborar con el desarrollo del país.

–Pero antes –dijo uno– habría que hablar con el Presidente de la Asociación de Azucareros.

–**Muy bien. Pues mañana mismo vamos a verle** –dijo el abuelo–, **y comenzamos el plan.**

Esto lo contaba Alejandro Deutschmann, que le acompañó al día siguiente.

Fueron a la Asociación, y al entrar en el edificio vieron que los elevadores no funcionaban. ¡Y la sede de los Azucareros estaba en la novena planta!

–Vengan esta tarde, que ya estarán arreglados– les dijo uno que trabajaba allí.

Alejandro ya se marchaba, cuando vio que el abuelo comenzaba a subir las escaleras.

–**¡Hombre** –le dijo–, **no te aflijas! ¡Son sólo nueve pisos, vamos!**

Alejandro se quedó sin saber qué hacer; y al fin, decidió subir tras el abuelo. Al llegar al tercer piso, pararon para reponerse.

–**¿Qué haces?** –le preguntó el abuelo.

–Pues, ya ve... subo las escaleras –le dijo Alejandro, jadeante.

–**¿Sólo eso? ¿No te recuerdas lo que nos dijo don Julio?**

Alejandro, que no podía con su alma, no sabía a quién se refería.

–¿Don Julio?

Hasta que cayó en la cuenta: era don Julio Ortiz, el sacerdote que les había predicado un retiro el día anterior.

–¿No te acuerdas de que don Julio nos decía que podíamos ofrecerle a Dios todo lo que nos costara, pidiéndole vocaciones y diciéndole: «¡Almas, Señor! ¡Que son para Ti, que son para Tu gloria!»? Pues eso es lo que tenemos que pedir: ¡Almas! Cada escalón... ¡un alma para el Señor!

Y así fueron subiendo, penosamente, las nueve plantas. Hay que pensar en el esfuerzo que eso supone para una persona de ochenta años. Llegó extenuado, lo mismo que Alejandro. Descansaron un cuarto de hora, y luego hicieron la petición.

Esa anécdota refleja cómo el abuelo se acercó al Señor: escalón a escalón. Fue adquiriendo virtudes poco a poco, luchando un día tras otro... No hubo sucesos espectaculares en su vida. Tampoco los hubo en su manera de acercar a Dios a cientos de personas, de los ambientes más variados de Guatemala: fue siempre persona a persona, amigo a amigo, escalón a escalón. **Cada escalón... ¡un alma para el Señor!**

Su alma *tiraba* de su cuerpo. No hay otra explicación para aquella vitalidad desbordante en un anciano. Es curioso: tuvo el convencimiento, desde siempre, de que iba a llegar a viejo. ¿Se acuerdan de aquel dentista, Manolo Lara, con quien me envió cuando enfermó mi mamá? Pues muchos años antes le había dicho Manolo, cariñosamente:

–Neto, con los años que me llevas, pronto estarás pidiendo por mí allá arriba.

–Tenemos que estar listos para irnos en cualquier momento –le dijo el abuelo, sonriendo– pero, probablemente, tú te vas a ir antes que yo; por lo que desde ahorita te ruego que intercedas por mí cuando estés con nuestro Señor.

Su presentimiento se cumplió: Manolo murió de un ataque al corazón, un cuarto de siglo antes que él.

De todas formas, como sabía que, a pesar de su buena salud, Dios le podía llamar en cualquier momento, nos decía: **yo ya tengo las maletas hechas.**

Estaba preparado espiritualmente y ya había repartido la herencia hasta en lo más pequeño. Había hecho una lista en la que nos asignaba a cada uno lo que más nos podía gustar.

Al llegar a la escultura del borriquito, escribió de su puño y letra: **Para José Luis, mi hijo.**

Yo sabía lo que esa escultura significaba para él, que deseaba ser sólo un borriquito humilde y fiel a la Voluntad de Dios.

Por eso se lo agradecí tanto: era la herencia más entrañable; el mejor regalo que me podía dar.

Les seguiré escribiendo.

Con todo cariño:

Papá

XVII

17 de octubre de 2000

Queridos Jorge, Paola y Diego:

Hoy, cuando se cumple el aniversario de la muerte del abuelo, quiero escribirles la última carta.

Todo comenzó en los primeros meses de 1991. Empezó a sentirse cada vez más cansado. Le costaba dar los círculos, y aunque deseaba seguir con su actividad de siempre, el cuerpo no le respondía.

Fue pasando el año. En junio vinieron de México la tía Clemen y el tío Francisco, para celebrar su 92 cumpleaños. Estaba muy contento y no hacía más que decir: **Ya sólo me quedan ocho añitos para cumplir los cien.** Estaba muy agradecido a Dios por haberle dado tantos años de vida y le pedía más años para gastarlos en su servicio, si era su Voluntad.

Yo estaba preocupado, porque le molestaba la placa que le habían puesto en la operación anterior y no había ido al médico. Estaba tan pendiente de las necesidades de los demás que se olvidaba de las suyas. Se lo dije a la tía Clemen antes de que regresara a México, porque ella, como hermana mayor, le podía decir las cosas de otro modo que yo.

219

Y la tía Clemen le dijo más o menos esto, con mucho cariño, pero con claridad:

—Papaíto, usted no se puede permitir el lujo de no ir al médico. Saque el tiempo de donde quiera... pero ahorita mismo tiene usted que llamar para pedirle una cita.

Los tíos regresaron a México y el abuelo obedeció, porque no sólo los hijos tienen que obedecer; los padres, a una determinada edad, también... y fue al médico, que le descubrió otro cancercito en la mandíbula izquierda. Entonces ya no tenía las mismas fuerzas de la primera ocasión. No son lo mismo 82 años que 92.

Fuimos a platicar con don Antonio y otras personas para que nos dieran su opinión. El tío Francisco le llamó desde México para decirle que había consultado con un especialista en laringe amigo suyo, que estaba dispuesto a ir y venir en avión en el mismo día desde México a Guatemala sólo para verlo.

Lo platicamos entre los tíos. No sabíamos qué hacer. Si no se operaba, había el peligro de que el tumor le aflorara al rostro y le llevara a la muerte con un aspecto monstruoso. Pero la operación, a sus años, suponía un altísimo riesgo; y sí salía con vida, no sabíamos si podría valerse por sí mismo... Al extirparle esa parte de la cara, podía caérsele un ojo. En fin: no sabíamos qué hacer.

El estaba tan animado y tan dispuesto a operarse que el tío Francisco le preguntó, como psicólogo:

—Pero Ernesto, ¿te das cuenta de que tienes 92 años?

—**Sí; y estoy dispuesto a operarme.**

El tío Francisco no le podía decir, en aquellos momentos, en qué iba a consistir realmente la operación. Si el cáncer estaba muy extendido tendrían que extirparle medio rostro.

–Es que te van a quitar el maxilar superior. Y puedes perder un ojo...

–**No importa** –dijo el abuelo, con humor–, ¡**con un ojo me basta!**

Para el tío Francisco, su actitud en aquellos momentos revelaba su admirable capacidad psicológica para afrontar un nuevo tipo de vida. «Cualquier otro se deprime y empieza a despedirse de la gente», nos comentó. Pero el abuelo tenía un deseo profundo de vivir y de seguir trabajando para el Señor.

Al final decidimos que fuera a Houston, para ver qué posibilidades había. Le acompañamos la tía Clemencia y yo.

Fue algo muy duro... Llegamos a la consulta del Hospital. Vino el cirujano que le había operado la vez anterior. El abuelo le saludó muy amable:

–**Doctor ¿Se acuerda de mí? Usted fue el que...**

–A ver, abra la boca –cortó el doctor en seco, sin contestarle siquiera, quitándole los dientes.

–Doctor –le dijo la tía Clemencia–, nosotros pensábamos que con unas radiaciones...

–Nada de radiaciones –dijo tajante–. Hay que operar. Voy a indicar que le hagan unos análisis.

Dio media vuelta, cerró la puerta y se fue sin despedirse. Yo pensaba que iba a volver, pero la tía Clemen me dijo: «Síguelo», y corrí tras él por los pasillos del hospital. Era mediodía y se disponía a almorzar.

–Doctor –le dije–. Quisiera hablar un momento con usted. Mi papá tiene 92 años. Si se queda descerebrado, o en coma, o con cualquier secuela... ¿qué?

Me dijo con frialdad:

–En ese caso tienen que firmar un documento aceptando que le pongan una máquina. Adiós.

Y se fue.

Se me hizo un nudo en la garganta. Regresé a la habitación. El abuelo no se creía que el doctor no fuera a volver. Creía que había tenido que salir por una causa urgente... Le expusimos el problema. Regresamos al hotel. La tía Clemen estaba muy afectada y yo también. Dios me dio fuerzas para decirle:

—Papá: yo no le puedo decir a usted lo que tiene que hacer. Pero le sugiero una cosa: ¿por qué no vamos al oratorio del centro del Opus Dei hoy en la tarde? Ya sé que Dios está en todas partes, pero usted se va a sentir más a gusto allí. Vaya y platique con Dios...

Me miró con serenidad, contento de que hubiese planteado la situación de aquel modo. Almorzamos juntos. Luego lo llevamos al centro, y lo dejamos solo en el oratorio, para que tomara esa decisión, como solía hacer siempre, junto al Señor.

Cuando regresó a Guatemala estaba muy mal desde el punto de vista físico, pero seguía con el buen humor de siempre. Si alguien le preguntaba, comentaba con sencillez lo que había ocurrido: le habían hecho una biopsia, y era maligna; y con la edad que tenía ya no podía operarse, porque corría demasiado riesgo...

Terminaba con una sonrisa.

En julio y agosto de 1991 fue empeorando. Le llevamos al Hospital Bella Aurora, donde los médicos le aplicaron unas radiaciones como solución extrema, que le afectaron al cerebro y le dejaron muy debilitado. Perdió el ritmo del sueño y la noción del tiempo.

Al fin consiguieron que durmiera con regularidad por la noche, pero se pasaba gran parte del día aletargado. La única forma para avivarle un poquito era proponerle rezar el Rosario.

Al verse así, aceptó y amó la voluntad de Dios, sin lamentarse. Y a partir de entonces, su única preocupación fue recibir al Señor en la Comunión, rezar y acercarnos a Dios.

En el Hospital se compenetró muy bien con Benjamín Antonio, un enfermero de treinta años con mucha valía profesional. Cuando nos dimos cuenta de lo bien que sintonizaban, le propusimos a Benjamín que le atendiera en casa. Ese trabajo le suponía un esfuerzo notable; pero al fin, movido por su cariño al abuelo, aceptó.

Así resolvimos el gran problema que se nos planteaba, porque llevábamos semanas atendiéndole por turnos (y no sólo mamá y yo, sino muchos de la familia y varias personas del Opus Dei) y no llegábamos. Mamá tenía que ocuparse de ustedes, que eran muy pequeños, y de las tareas de la casa; y yo tenía que ir a trabajar. No podíamos con todo, y el abuelo no podía estar cambiando continuamente de persona; necesitaba a un profesional, como Benjamín, que estuviese día y noche pendiente de él.

Benjamín lo hizo muy bien. Estaba maravillado, porque no tuvo, en el tiempo que lo cuidó, «ni un *sí* ni un *no*». Sólo manifestaba el abuelo un poquito de prevención cuando iba a rasurarle, porque la primera vez, como la máquina no estaba nueva, debió lastimarle un poco. El abuelo no dijo nada, pero siempre le preguntaba, antes de comenzar:

—¿Está buena la rasuradora?

—Sí, doctor —le decía Benjamín, que sabía por qué lo preguntaba—; le saqué una de las nuevas y está nuevita, nuevita...

Al principio Benjamín lo llevaba a dar una vuelta hasta el Géminis Diez, para que se distrajera un poco. El abuelo, para agradecerle sus cuidados, trataba de ayudarle en lo que podía, en la medida de sus fuerzas, que ya eran muy pocas.

223

A veces, a causa de la enfermedad, cuando se ponía la bata blanca para atenderle, lo confundía con un amigo o pensaba que era uno de sus antiguos alumnos de la Facultad y empezaba a darle consejos.

—¿Estudiaste?

—No mucho, doctor —le decía Benjamín, para darle conversación.

—**Bueno, pues mira: como no te quiero perjudicar, no te voy a hacer el examen. Yo lo que quiero es que aprendas, que estudies. Te voy a escribir aquí los puntos que debes repasar, y dentro de una semana, te examino.**

Y trataba de escribir unas preguntas, con su mano temblorosa.

Al principio, Benjamín lo llevaba en una silla de ruedas hasta la parroquia. Al párroco le maravillaba ver que un hombre en esas condiciones desease tanto asistir a Misa, y para facilitarle las cosas dijo que lo situáramos en la sacristía, cerca del altar. Y aunque no tenía ni fuerzas para abrir la boca, ¡comulgaba con una devoción! ¡Con un amor!

Hasta que ya no pudo ir más a la iglesia. Me dio mucha pena, porque ¡tenía tanta ilusión por recibir al Señor!

Fue empeorando. Al final estaba casi siempre dormido, aunque podía recobrar el conocimiento a cualquier hora del día o de la noche.

Muchas de esas veces le decía a Benjamín:

—**¿Ya estás listo?**

—¿Listo para qué, doctor?

—**¿Para qué va a ser? ¡Es la hora de Misa!**

—Muy bien, doctor —le decía Benjamín, que le ayudaba a sentarse en su silla de ruedas.

Tenía el deseo de comulgar en lo más hondo del alma. Benjamín lo paseaba por el pasillo hasta que se quedaba inconsciente, con la mirada fija en la lejanía. Entonces lo traía de nuevo a su habitación y lo acostaba. Al cabo de varias horas volvía a exclamar:

—¡La Misa! ¡La Misa!

La enfermedad hizo que su alma quedase, por decirlo de algún modo, como en carne viva, a la vista de todos. Ya no podía evitar que nos enteráramos de las obras de caridad que hacía en secreto.

—Ven, ven... —le decía en voz baja a Benjamín—. ¿Ya te di el cheque?

—¿Qué cheque, doctor?

—El cheque que te dije. Vas de mi parte y se lo llevas a...

Y le susurraba el nombre de una persona necesitada. ¡A cuántos habría ayudado así, a lo largo de su vida, calladamente, sin que nadie lo supiera! Ni siquiera en aquellos momentos dejó de preocuparse por los demás.

Poco después, en otro momento de lucidez, le decía:

—Benjamín. ¿Le llevaste el cheque? Recuerda que lo necesitan...

Quería estar unido al Señor continuamente, y rezar el Rosario, pero la mente no le daba... Decía: **Primer misterio** y recitaba un Avemaría; luego: **Quinto misterio**; y recitaba tres; luego: **Segundo misterio**; y dos...

Durante las semanas siguientes le dieron la Unción de los Enfermos en varias ocasiones.

El 16 de octubre, víspera de su muerte, recibió una carta de Mons. Álvaro del Portillo, Prelado del Opus Dei. Se la trajo don Antonio hacia el final de la tarde. El abuelo ya no podía hablar, pero le reconoció enseguida y le fue expresando sus sentimientos con las manos y la mirada, mientras don Antonio le iba leyendo la carta, al oído, con voz clara:

Me ha conmovido comprobar tu visión sobrenatural ante la enfermedad que padeces.

Continúa abandonado en los brazos paternales de Dios, convencido de que el Señor nos da siempre lo mejor a cada uno, aunque a veces puede costar entenderlo.

Me apoyo especialmente en ti, hijo mío, para sacar adelante la labor de la Obra en todo el mundo: sigue ofreciendo tus molestias por mis intenciones.

¡Que Dios te lo pague!

Cuando don Antonio terminó de leer, vi en sus ojos la alegría y la paz que aquella carta le había producido.

Aquella noche del 16 al 17 no quiso acostarse. Se sentó en su sillón, junto al ventanal, cerca de la imagen de la Virgen; y así, en actitud activa, como había estado durante toda su vida, pasó la noche entera; hasta que a las siete y cuarto de la mañana del día 17 de Octubre, mes del Santo Rosario, del que era tan devoto, se nos fue, dando un leve suspiro.

En la misma tarde de aquel día 17 lo enterramos, junto a la abuela Clemencia, tras una Misa de cuerpo presente, en la iglesia de Nuestra Señora de la Paz.

Nos había pedido que los funerales y el entierro fueran muy sencillos; así lo hicimos, con todo nuestro cariño.

En aquellos momentos yo sentía una gran pena, y al mismo tiempo una alegría inexplicable: tenía la convicción íntima de que ya estaba gozando de Dios.

Se ha muerto un santo, nos decían las gentes. Me emocionaba escucharlo, porque estaba –y estoy– plenamente convencido de esa realidad: el abuelo fue un santo.

Don Álvaro le escribió poco después a don Antonio:

«No dejo de hacer sufragios por el eterno descanso de su alma, aunque estoy convencido de que no los necesitará.

Como tantos hijos de nuestro Padre, que le han precedido, habrá podido decir: «cursum consummavi, fidem servavi...» y el Señor le habrá acogido en su Gloria, bien purificado por la enfermedad que padeció, premiando el amor, la abnegación y la entrega con que ha correspondido a su vocación.

A su intercesión encomiendo mis intenciones».

Debo terminar. Durante estos últimos meses han ido declarando para su Proceso muchos testigos de su vida: familiares, colegas, amigos, pacientes...

Sé que hay miles de personas que rezan la oración de la estampa para la devoción privada en muchas partes del mundo: en toda Centroamérica, en Francia, en España, en varios países de África...

Yo, sometiéndome de todo corazón a lo que diga la Iglesia, me encomiendo a su intercesión y rezo por su canonización. Y no me mueve sólo el cariño de hijo: estoy convencido de que el ejemplo cristiano de su vida hará un bien inmenso en Guatemala y en la Iglesia entera; y llenará de alegría y de esperanza a miles de almas.

Dios nos ha concedido este don excelso y no sé cómo agradecérselo. Por eso he escrito estas cartas: para dar gracias a Dios y para que ustedes no olviden nunca la figura de su abuelo: cómo amó a Dios, a la Iglesia y a los que le rodeaban, con toda el alma.

Dios quiera que, por la gracia de Dios y mediante su intercesión, actuemos siempre como deben actuar los hijos, los nietos, los descendientes de un hombre santo; y Dios quiera también que un día gocemos, todos juntos, a su lado, de la plenitud divina.

¿Recuerdan aquellos versos?

> Dichoso tú, doctor Neto Cofiño
> que pudiste, al cruzar aquella esquina
> llegar a ver la plenitud divina
> con fe de anciano y sencillez de niño.
>
> Dichoso tú, que hiciste del cariño
> el cobijo de tu alma cristalina
> que es una viva rosa sin espina,
> es un lecho de púrpura y armiño.
>
> Hoy, camino del alba, amado Neto
> va tu espíritu excelso en romería
> hacia el seno impoluto de María.
>
> Y en el suave perfume de las rosas
> un ramo de virtudes primorosas
> le ofreces al Señor, casi en secreto...

Con todo cariño:

Papá

Una posdata de mamá

5 de abril de 2001

Queridísimos Jorge, Paola y Diego:

Me pide papá que les cuente algo sobre el abuelo, como una *posdata* a las cartas que les ha escrito, y no sé por dónde empezar, porque... ¡tengo tantos recuerdos! Esta mañana, durante la clausura del Proceso, en el salón del trono del Palacio Arzobispal, mientras leían los documentos, me ha venido a la memoria el día en que le conocí.

Fue en esta misma casa. Yo estaba un poco nerviosa, como cualquiera que va a conocer a su futuro suegro... ¡Qué lejos estaba de sospechar todo esto! Vemos la santidad como algo alejado, y luego resulta que está aquí, entre nosotros...

Me pareció un hombre mayor, porque lo era; simpático; culto, bien parecido —en su juventud debió ser muy guapo— y de buena presencia todavía, a pesar de la edad, con su blanco* y su corbata bien anudada; con una voz cálida y expresiva, y unos ojos verdes muy vivos; un hombre sereno y de gran elegancia interior...

---

* Su blanco: su chaqueta blanca.

Era un *hombre de mundo* con un *no sé qué* muy especial... De *mundo,* entiéndanme bien, pero no *mundano,* porque era simpático, pero no frívolo; divertido, pero sin superficialidades de ningún tipo. Eso se reflejaba hasta en su modo de vestir: correcto, sin lujos, unas veces clásico y otras de *sport,* según las circunstancias...

Luego, con el paso del tiempo, fui descubriendo nuevos rasgos de su personalidad. Por ejemplo, sus continuos detalles de cariño. Estos últimos meses, hablando con la tía Clemen, he recordado muchos... me llamaba la atención que cuando iba a México se llevara una aguja y un carrete de hilo para coserse los botones y no causarle molestias a su hija.

A eso le llamo yo... *un detalle.*

La elegancia a la que me refería antes no era cuestión de trajes, sino de algo más íntimo; era fruto de su cariño con los demás (**no hay peor cosa** –decía con gracia– **que un viejo mal vestido**); y fruto también de su buen gusto natural y de su finura exquisita a la hora de hablar. Nunca le oí decir una mala palabra, ¡jamás! Era un saber callar; un saber ceder; un saber sonreír...

Otro detalle, más importante de lo que parece: era puntualísimo. Eso es caridad con los demás, sobre todo en alguien *importante,* como él: significa que no te da igual que los otros te tengan que esperar y que no te sitúas por encima de nadie. También es una muestra de humildad.

Cada año iba al primer curso de retiro que se organizaba. Decía, medio en broma medio en serio: **a mi edad es preferible ir al primero, no vaya a ser que no llegue al segundo.** Me parece que le estoy viendo salir por el jardín, feliz y contento, con su valija en la mano, su chumpa gris y su pantalón de cuadritos...

Yo le conocí cuando era bastante mayor, y ya tenía la espalda algo encorvada; sin embargo, se esforzaba por mantenerse recto y erguido: no por vanidad, sino por mortificación. **Yo me agacho mucho** –decía–, **pero me estoy tratando de corregir.**

No era una de esas eminencias científicas que sólo saben hablar de su especialidad. Era un hombre culto y daba gusto conversar con él de arte, de arquitectura, de pintura (sobre todo de la francesa). Le encantaba invitar a sus amigos a casa para almorzar, porque le parecía que llevarlos a un restaurante era una descortesía.

Aquí se desvivía por agasajarles y por ofrecerles lo mejor que supiera hacer en la cocina: pollo a la naranja, berenjena a la Mussak, según la receta que le dio su amigo don Samuel...; aunque, ahora que lo pienso, no sé si no le gustaba comer en restaurantes porque era muy sobrio o porque era muy hogareño; o por las dos cosas a la vez.

Cuando comía fuera, con motivo de una boda, por ejemplo, sabía apreciar lo que le ponían, porque yo se lo preguntaba luego y me explicaba el menú; el primer plato, el segundo, el postre... y al final me decía, cariñoso:

–**Pero yo estoy seguro, chula, de que tú lo hubieras hecho mucho mejor.**

Otro *detalle:* cuando hacía una comida especial para sus invitados, comía muy poco. Se excusaba diciendo que ya había probado los platos en la cocina; pero yo pienso que no: que era un sacrificio que ofrecía al Señor.

Había estado en Estados Unidos, en Europa, en Francia y se le notaba en su profundo conocimiento de lugares y costumbres. Sabía distinguir entre las diversas marcas de vino. Sin embargo, él sólo tomaba vino en ocasiones contadísimas; y jamás, le vi tomar bebidas alcohólicas como ginebra, whisky o cosas así.

No tenía caprichos. Nunca me dijo: «Guisela: mañana quiero que me prepares tal y tal cosa». No tenía manías, ni en la comida, ni en nada. Cuando se sentaba a la mesa comía de todo, y todo le parecía bien, aunque yo sabía que no le gustaba la carne de hígado y que le encantaban los helados. ¡Ah, y los dulces!

Por eso en Cuaresma no tomaba dulces. Pero para darse cuenta de todo esto había que estar muy pendiente, porque se comportaba con total sencillez. Ah, tomen nota: no fumaba. Dejó de hacerlo cuando era joven.

¡Recuerdo tantas cosas! Era tan humano... En su corazón, su madre ocupaba un puesto muy especial. Nos hablaba mucho de ella en sus últimos años. La recordaba con el **pelo blanco, chiquitita, sumamente dedicada a Dios y con mucho cariño a la Virgen.**

Tenía debilidad por sus nietos. Cuando murió tenía veintiuno. Me parece que les estoy viendo a ustedes tres, a su lado, tirados en la alfombra, jugando con la colección de dinosaurios. Unas veces les enseñaba las ilustraciones del Quijote. Otras, les explicaba la Biblia o les decía palabras en francés... A Jorge se lo llevaba siempre que podía en el carro, como copiloto, y hablaba en jerigonza, ¿recuerdan?; y cuando veían a algún niño por la calle, se paraba para preguntarle:

–¿Apa dope nepe depe vapa sapa?

En 1966 hizo un folleto con los misterios gozosos del Rosario y música navideña. ¡Cómo disfrutaba cuando reunía a sus nietos pequeños antes de la Nochebuena y les contaba la historia del Niño Jesús!

A mí me quiso siempre como a una hija. ¡Con qué sabiduría, con qué ingenio tan fino me platicaba sobre la religión, antes de bautizarme! ¡Con qué delicadeza me aconsejaba antes de mi casamiento!

Tenía el don de consejo: decía la palabra adecuada en el momento adecuado, y daba el consejo acertado para cada problema: de familia, de hijos, de matrimonio: **mirá, si tienes que hacer esto, hazlo por aquí...** Nunca se asustaba. Y era muy sincero.

Por eso le buscaba yo, antes de casarme con papá: porque era el único que se atrevía a decirte las cosas claras, llamándolas por su nombre, y sabiendo ver el lado bueno de los demás.

En una de sus cartas escribía sobre María Raskin de Piñol, una señora a la que apreciaba mucho porque le había ayudado en varias obras caritativas: **Yo suelo decir esto a Mary Piñol cuando pretende cerrar la portezuela de un coche, lo que rara vez logra: Es que usted, Mary, está para abrir puertas, no para cerrarlas: ésta es la imagen de su corazón.**

¿Ven qué modo tan bonito de decir las cosas? Y por supuesto, jamás le oí murmurar, ni decir un comentario malo sobre nadie, aunque conocía el fondo de las personas nada más verlas. Al instante. Nunca se me olvida un día que estaba platicando yo con una amiga mía, y le dijo:

—**Mirá: tienes unos ojos de estar en estado de buena esperanza.**

Ella se quedó sorprendida. Y sí; estaba en estado... ¡y ni ella misma lo sabía!

Tampoco tenía eso de los respetos humanos, ni se planteaba *para qué le voy a decir tal...* Con delicadeza, iba a una amiga mía y le decía: **Tu hijo respira por la boca abierta.** Y a otra: **Mirá: tu hijo está caminando mal; sería bueno que lo viera un ortopeda.**

Cuando alguien de la familia tenía una alegría o un dolor, le buscaba a él, porque era «el patriarca de la familia», como decía la tía Clarita. Y procuró acercarnos a todos al Señor. Gracias a él yo soy católica, y cada vez me convenzo más de lo que dice la tía Uca: «cuando hay alguien que se dedica a Dios en una familia, acaba salvando a toda la familia». Dios quiera que sea así.

¿Qué más puedo decirles? Tenía una gran devoción a la Virgen del Rosario de Quetzaltenango, ante la que había rezado tantas veces la abuela Clemencia. Tú ya no te acordarás, Paola, porque entonces tenías dos o tres años, pero muchos días te tomaba de la mano y te llevaba hasta los rosales del jardín, cortaba las rosas más hermosas que veía, y luego en casa, te alzaba con las manos para que las pusieras a los pies de la Virgen.

Miles de personas en Guatemala le recuerdan con tanto afecto y agradecimiento...Yo llegué a acostumbrarme a que, cuando íbamos por la calle, se le acercara una señora: «Doctor: usted curó a mi hijo»; o viniera un señor para darle las gracias; o una indita, para decirle: «usted me salvó la vida cuando yo era patoja».

Él, les escuchaba con cariño, daba gracias a Dios y sonreía.

Estaba siempre sonriente.

Tengo grabada en el alma esa sonrisa.

Mamá

Este libro, publicado por
Ediciones Rialp, S. A.,
Manuel Uribe, 13-15, 28033
Madrid, se terminó de imprimir
en Service Point, S. A., Madrid,
el día 14 de febrero de 2024.